U0828009

TopBook
饕书客

一个人，遇见一本书

山月記

［日］中島敦

用悲情体悟历史的彷徨
品味生存，咀嚼毁灭

『小芥川龙之介』凄美力作
日式中国古典故事再译录

译者 杨晓钟 等

陕西新华出版传媒集团
陕西人民出版社

图书在版编目(CIP)数据

山月记/（日）中岛敦著；杨晓钟等译．—西安：陕西人民出版社，2018

ISBN 978-7-224-12789-8

Ⅰ．①山… Ⅱ．①中… ②杨… Ⅲ．①短篇小说—小说集—日本—现代 ②中篇小说—日本—现代 Ⅳ．①I313.45

中国版本图书馆 CIP 数据核字(2018)第 123421 号

译丛主编：杨晓钟 曹珺红

译　　者：杨晓钟 曹珺红
常亚蕾 魏海燕
冯圆圆 殷雅婧
邵梦丽 赵楠婷
赵　翻

TopBook 馨书客

山月记

作　　者　[日]中岛敦
译　　者　杨晓钟　曹珺红　常亚蕾等
出版发行　陕西新华出版传媒集团　陕西人民出版社
　　　　　(西安北大街 147 号　邮编：710003)
印　　刷　西安市建明工贸有限责任公司
开　　本　787mm×1092mm　32 开　6.75 印张
字　　数　150 千字
版　　次　2018 年 12 月第 1 版　2021 年 9 月第 9 次印刷
书　　号　ISBN　978-7-224-12789-8
定　　价　26.80 元

关于中岛敦

——写在《山月记》之前

杨晓钟

中岛敦有“小芥川”之称，大概因为两人的人生和作品存在着相似之处。鲁迅的这句话可以视为对芥川龙之介作品的总结：“所用的主题多是希望之后的不安，或者正不安时之心情。”对生存的不安与苦恼，同样是中岛的主题，更进一步地，这不安与他的怀疑主义和对文明的反思息息相关。

和芥川一样，中岛的小说大量取材于历史，尤其是中国历史。在历史题材的旧瓶中注入现代意识的新酒，可以说是双方的共同点。举例而言，芥川有多篇小说改编自《今昔物语》，他这样总结《今昔物语》的一个特色：“人物就像所有传说中的人物一样，心理并不复杂。他们的心理只有阴影极少的原色的排列。”浓墨重彩地为这些人物赋予复杂的心理意识，描绘出他们的心理的斑驳阴影——不安——是芥川也是中岛对历史题材的再创造。

中岛的《山月记》和《李陵》中的人物李徵、李陵、司马迁和苏武都超越了历史上的真实人物。《山月记》据唐传奇小说《人虎传》改编，但《人虎传》中的李徵不脱传统文人形象，我们感受不到他的任何心理活动，而在《山月记》中，中岛则以大量的心理独白突出了他"懦弱的自尊心和自大的羞耻心"交织的心理，将现代人的自我意识贯注到了李徵这个人物心中，《人虎传》中的传统文人李徵变成了《山月记》中因为强烈的羞耻意识而不断叩问自我存在意义的诗人。同样的，在《李陵》中，李陵、司马迁和苏武都超越了史实中的刻板形象，经过了中岛的加工，成了穿着古装的现代人。中岛笔下的李陵大异于史实中的李陵，历史上的李陵主动投降，而小说中李陵是在战败被俘后才被迫投降。小说中的李陵比历史上的李陵更忠诚，他被俘后面对的复杂处境突出和加剧了他的不幸。

历史上的李陵多半会将自己的失败归咎于天意、命运之类，但小说中的李陵却将自己的不幸归咎于自身，不断地在心中咀嚼自己生存中面临的困境和挫折，他怀着对汉武帝、单于和苏武的复杂的情感和心理纠结，由此陷入种种自我折磨不能自拔。历史上的司马迁尽管遭受了宫刑，然而却以极大的意志力挺过了所受的耻辱，完成了杰作《史记》，可以说，他的心理从来就不曾动摇过，然而中岛笔下的司马迁在遭受宫刑之后，则陷入了野兽般的痛苦之中，其心理波动之大之曲折之崩溃，其对自己存在的根本和意义的追问，几乎到了纤毫毕现的程度。最终，他的自我完全崩溃了，成了一个"没有知觉没有意识的书写机器"，正是靠着这种"无意识的关心"完成了《史记》，此间有着极浓重和苦涩的悲剧意味。

李徵、李陵和司马迁这三个历史人物，其命运都因遭遇不幸而被划分成为前后不同的两截，中岛的人生命运同样充满不幸的波折，或许正是这种共同的不幸遭际，使中岛产生了深切的共鸣。在中岛的笔下，这三个人物都超越了历史的真实境况，寄托了他作为现代的孤独个体的痛苦与悲哀，所以文评家深田久弥说："中岛敦借助于对历史人物的重新塑造，纵情地抒发了自己心中荡漾的热情和感情。《李陵》中的主人公——无论是李陵、司马迁还是苏武，他们的不幸遭遇虽然都是取自于史实，但那种悲痛却都属中岛敦所有"。而这种悲痛只能是属于现代的孤独个体的中岛切身感受到的悲痛。某种程度上，中岛借古代人物的酒杯，痛浇自己郁郁不得志的块垒。

人物之所以对自身存在处境充满不安与苦恼，与其对外在世界的不解、怀疑息息相关。前者针对的内在的自我，后者针对的则是外在的社会规范乃至文明或文化的主流价值，两者的难以一致或平衡才造成自我意识的不安。《山月记》中的李徵在渴望求成名和以跻身俗物为耻的念头之间摇摆不定，最终却以对此的拒绝而作结，已经包含对科举社会的社会价值的怀疑和否定。而在《李陵》中，被俘后的李陵，面对汉武帝、单于、苏武三方施加的无形压力，陷入了巨大的不安之中，同时所在汉胡两地所受的不同遭遇，也揭开了他对两种文化孰野蛮孰先进的怀疑，他意识到所谓野蛮的胡地风俗，在朔北的风土下，非但不显野蛮，也最为合理，在将胡汉文化相对化的同时，他作为个体的选择也超越了这种文明与野蛮的两分，他悟出："我原不过是天地间一颗微粒，又何必管什么胡汉呢?"因为这样的怀疑主义，原本陷入自我存在的痛苦李陵反而得以解脱。

中岛敦出生于日本东京市四谷区箪笥町，祖父及父亲都是汉儒学者，自幼即受熏陶的中岛，被称誉是消化吸收了伦理思想的"诗人、哲学家和道德家"。1933 年 3 月中岛敦毕业于东京大学国文学科，毕业论文题目为《耽美派研究》，以 420 页的篇幅，对森鸥外、永井荷风、谷崎润一郎等明治时期作家进行评说。4 月进入东大大学院学习，研究主题为《森鸥外研究》。1934 年 3 月从大学院退学，任私立横滨女子高等学校国文、英语教师，1941 年 3 月退职。1941 年辞去高中教师职务，到南洋，将心仪的英国作家史帝文生晚年在太平洋沙摩岛的生活改编成了《风与光与梦》并将当地见闻写成了《南岛谭》。1942 年末因哮喘病发作去世，享年 33 岁。虽然他的生命如彗星转瞬即逝，但留下的为数不多的作品至今仍为人们所喜爱。

目录

名人传

赵国[①]的国都邯郸城里有一个人叫纪昌，他立志要成为天下第一的弓箭手，于是遍寻名师。他认为，要论射箭，当今世上绝世高手当数能够百步穿杨、百发百中的飞卫。于是，纪昌便千里迢迢赶去寻访飞卫，拜他为师。

拜师之后，飞卫对新入门的弟子说："要学射箭，必先学会不眨眼睛。"于是，纪昌回到家中，钻入妻子的织布机下，仰面朝上，任凭织机踏板贴着眼皮上下翻飞，却始终保持不眨眼睛的状态。妻子不知其中缘由，大吃一惊。她不明白自己的丈夫为什么要用这么奇怪的方式来窥视自己，颇感不快。但

①赵国：战国七雄之一，疆域有今山西中部，陕西东北角及河北西南部。

纪昌不为所动，并对其严加斥责，强令其继续织布。如此这般，日复一日，纪昌始终坚持用这种奇怪的姿势来修炼不眨眼睛的功夫。两年之后，纵使上上下下的织机踏板碰到睫毛，纪昌也可以做到不眨眼睛。于是纪昌终于从织布机下爬了出来。此时，无论是用锋利的锥子尖刺向眼睛，还是有火星儿意外入眼，抑或是眼前飞灰四起，纪昌都可以不眨眼睛。他的眼睛似乎是丧失了闭眼的机能，即便晚上熟睡之时也是双目圆睁，以至于后来竟有一只蜘蛛在其睫毛之间结了网。这时他终于认为自己已达到师父的要求，于是向师父飞卫禀告。

飞卫听了之后对纪昌说，“只有不眨眼睛的功夫还不足以授你射箭之术，接下来你还要学习视物。要把极小的东西看成庞然大物，把细微的东西看得清清楚楚才行。等你练成之后再来吧。”

纪昌再次回到家中，从贴身穿的内衣缝里捉住一只虱子，用自己的头发系住吊在朝南的窗户上，终日凝视。一开始怎么看也只不过是只虱子，两三日后依然是只虱子。然而过了十余日，也许是心理作用，总觉得虱子好像大了许多。过了三个月，纪昌眼中的虱子明显已大如蚕蛹。悬挂虱子的南窗外面的景物也在不断变化。阳春三月不知何时已变成炎炎夏日；刚刚还是天高云淡、北雁南飞的时节，不觉间已是漫天飞雪的冬季了。纪昌依然一如既往地耐心注视着那只头发丝下吊着的半翅类小节肢动物。时光飞逝，一转眼三年时间过去了，吊在窗口的虱子也已换了数十只。一日，纪昌忽然觉得吊在窗口的那只虱子竟形大如马。他惊喜不已，慌忙起身来到屋外。定睛一看，纪昌几乎不敢相信自己的眼睛。只见人如高塔，马似山峦，猪像山丘，鸡如城楼。纪昌雀跃不已，奔回家中，再度面对窗边的虱子，拿起以燕国的兽角制作的弓，搭上以北方的蓬竹制作的箭，瞄准后射了过去，一箭贯穿虱子的心脏，而系虱子的头发却完好如初。

纪昌连忙去将此事报与师父知晓。飞卫高兴得手舞足蹈，称赞道："太好了！"于是，飞卫便倾尽毕生所学，将射术之妙尽授予纪昌。

纪昌苦练目力五年成效卓然，学起射术来进步神速。得授射术之精妙十日后，纪昌尝试百步射柳叶，已是百发百中；二十日后，将一个盛满水的酒杯置于右肘之上，拉强弓射箭，命中目标自不待言，杯中之水亦纹丝不动。一月之后，纪昌尝试百箭连发，第一箭射中靶心之后，马上射出第二箭，且第二箭刚好射穿第一箭的箭杆，紧接着射出第三箭，同样第三箭又射穿第二箭，如此箭箭相连，发发必中，后箭的箭镞必定射穿前箭的箭杆，因此未有一箭掉落在地。转瞬间，百支箭已连接如一条线，最后一支箭的箭杆犹如仍在弦上。在一旁观看的师父飞卫也不禁赞道："妙哉！"

两个月之后，偶然回到家中的纪昌与妻子起了争执，为了吓唬妻子，纪昌拿起乌号弓[1]，搭上棋卫箭[2]就射向妻子的眼睛。箭到之处，三根睫毛应声而落，而其妻本人并未察觉，眼皮都没眨一下，仍然继续大骂纪昌。由此可见，纪昌的射术已达出神入化之境。

一日，纪昌忽然想到一个问题：以自己今时今日的箭术，早已从老师那里学无可学了……

纪昌心里盘算到，如今世上，要论箭术，除了师父飞卫再无第二人能与自己比肩。要想成为天下第一弓箭手，无论如何也要除掉他。于是他便伺机而动。偏巧有一天，二人在郊外不期而遇。纪昌当即计上心来，即刻拉弓搭箭，想要除掉飞卫，飞卫早已察觉，也立即引弓反射，只见两支箭在空中交会，箭头相碰，双双坠地。甚至连半点儿灰尘都没有荡起，可见二人的箭术皆已到了出神入化的境地。少顷，飞卫已无箭可发，而纪昌手里还剩有最后一支箭。纪昌心下窃喜，又将最后一支箭射向了飞卫。危机之中，只见飞卫迅速折断路旁的一根荆棘，将迎面射来的箭头击落在地。直到此时，意识到自己的野心已无法实现的纪昌心里，忽然涌起了一股惭愧之情——

---

①乌号弓：传说为黄帝用过的弓。后代指良弓。

②棋卫箭：第一代商王汤仿照后羿射日神箭所创。后以“棋卫之箭”指良箭。

一种基于道义的惭愧之情。这边飞卫因刚刚捡回一条命也松了一口气,同时,醉心于自己的非凡射术,竟对纪昌毫无仇恨之念。师徒二人都激动地跑上前去,在旷野上相拥而泣。(这样的事以如今的道德观来看,的确不合乎情理:美食家齐桓公①在寻求自己没有品尝过的美味佳肴之时,厨师易牙②曾把自己的儿子蒸熟以供其享用;秦始皇十六岁时,在其父王驾崩当晚,就三度召幸父王的爱妾。这些故事皆出自那一时代。)

飞卫虽然与纪昌相拥而泣,但是想想自己随时都有可能再次成为这个爱徒的目标,实在危险,如果能给纪昌一个新的目标,将其注意力转移开就好了。于是他对这个危险之徒说道:"如今,我该传授给你的东西,已悉数教授予你了,如果你想钻研更上一乘的箭道奥妙,就要往西方的大路上去,翻过险山,登上霍山之巅。那里有位甘蝇先生,可谓是旷古绝今的箭道大家。跟甘蝇先生比起来,我等的箭术简直如同儿戏。如今有资格做你的老师的人,也就只有甘蝇先生了。"

纪昌闻听,立刻西行。师父飞卫说,在那人面前师徒二人

---

①齐桓公(?一前643):春秋时齐国第十五位国君,前685—前643年在位,晚年昏庸,任用易牙、竖刁等小人,在内乱中饿死。

②易牙:春秋时代著名的厨师,亦有写作"狄牙"。善于调味,很得齐桓公的欢心。

的技艺都如同儿戏,这激发了纪昌的好胜心。如果此事当真,那纪昌要成为天下第一,恐怕还遥遥无期。自己的技艺是否如同儿戏,无论如何也要尽早见到那人,与他一较高下才能知道。纪昌心中焦躁,一个劲儿地急着赶路,脚底都磨破了,小腿也受伤了,一路翻山越岭,终于,在一月之后到达了霍山之巅。

迎接他的是一位目光柔和却老态龙钟的长者。那位老者看起来百岁有余,由于腰也弯着,走路的时候白胡子竟拖到了地上。

纪昌担心老者耳背,于是大声向其表明来意。说完希望对方看看自己的箭术之后,不等对方开腔,心急难耐的纪昌便立刻取出背后的杨干麻筋弓,拿在手里,然后搭上石碣[①]之箭,正巧彼时高空中有群鸟飞过,纪昌便向其射去,随着弓弦响动,碧空中即刻便有五只大鸟应声而落。

"还可以吧!"老者微微一笑说道,"不过,这只是所谓的射之射,看来阁下还不知道不射之射。"

老者带着颇有几分愠怒的纪昌来到离山巅仅二百余步的绝壁,毫不夸张地说,脚下屏风似的崖壁有千丈之高,远远望

---

①石碣:箭名。汉赵晔《吴越春秋·勾践伐吴外传》:"越王中分其师,以为左右军,皆被兕甲,又令安广之人,佩石碣之矢,张卢生之弩。"

去,正下方的河流宛如一条细丝,只看上一眼就立刻让人头晕目眩。悬崖边上有一块突出的危石,老者气定神闲地往上一站,转身对纪昌说道:“怎么样?你站到这里来,还能把刚才表演的那一套射术再做一遍吗?”“现在可不能打退堂鼓!”纪昌心里这样想着,与老者互换了位置。纪昌踏上危石时,脚下的石头微微晃动了一下。就在他鼓足勇气准备放箭之时,刚好一块小石头从崖端坠落。顺着小石头坠落的方向往下看时,纪昌不由得趴在了石头上,吓得手脚发颤,冷汗直流。老者微笑着伸手将纪昌引下危石,自己又站了上去,说道:“就让阁下见识一下什么是射箭吧?”听闻此言,尚心有余悸、面色苍白的纪昌立即回过神来。随即问道:“您的弓呢?怎么没有弓?”“弓?”老者微微一笑说道:“若是需要弓箭,便是射之射。而不射之射,乌漆①弓、肃慎②箭皆不需要。”

刚好这时,在二人正上方的天空至高之处,一只白鸢正悠然盘桓,从下面望去也不过如芝麻粒大小,片刻后甘蝇便拉开无形弓,搭上无形箭,双手挽弓犹如满月向其射去,只见白鸢还来不及挣扎,便犹如石块从碧空中坠落下来。

纪昌肃然起敬,只觉得自今日开始才算窥得箭术之道了。

---

①乌漆:即黑漆,可用于涂饰。

②肃慎:中国古代东北民族,是现代满族的祖先。亦作“息慎”“稷慎”。传说舜时,肃慎氏朝,贡弓矢。肃慎人善射,矢皆石镞。

10

此后的九年时间，纪昌得到老者允许，留了下来。在此期间到底修业如何，谁也不得而知。

九年之后，当纪昌下山的时候，人们尽皆为他的容貌变化之大而吃惊：从前那副不服输的精悍样子已消失得无影无踪。如今的纪昌脸上毫无表情，宛如木偶。当纪昌去拜访许久未见的师父飞卫时，飞卫一见纪昌如此容貌，不禁感慨道："如今你才算得上是天下名人，我等皆望尘莫及了。"

纪昌已是天下第一名人，邯郸城的民众都来迎接他的归来。大家都期待能亲眼看见纪昌的精湛射术。

然而，纪昌却完全无意满足大家的期望。不仅如此，他甚至连碰都不碰弓箭，就连九年前上山时随身携带的杨干麻筋弓，也不知丢弃在了何处。有人问他为何如此，纪昌只是无精打采地说道："至为无为，至言无言，至射无射。"果然，这极致的见解立刻在邯郸城的民众中引起热议，大家纷纷以不执弓的射术名人自夸。纪昌越是不碰弓箭，大家越是盛传他天下无敌。

各种传闻也在民众当中口口相传。有人说每天夜里刚过三更的时候，纪昌家的屋顶上就会站着一个人，也不知是谁，拉弓引弦，声声入耳。大家都说，一定是射道之神在主人公睡着之后离开体内，为驱赶妖魔而彻夜守护。又有住在纪昌家附近的商人说，曾亲眼看到有天夜里，纪昌在自家的屋顶上空腾云驾雾，更稀奇的是他竟手持弓箭，正与古时的箭术名人后羿[1]和养由基[2]比箭。当时三位名手射出去的箭，分别在夜空中化为三道青白色的光，直射向参宿和天狼二星之间消失不见。还有小偷招认说，有一次他潜入纪昌家中，脚刚踏进院墙，突然一道寒气从寂静的院子里冲出来，正好打中额头，吓得他落荒而逃。从那以后，纪昌家方圆数里，心存邪念的人都绕道而行，聪明的鸟儿也不从他家上空飞过了。

在世人的一片赞誉声中，名人纪昌也逐渐老去。他的心早已远离射术之道，渐渐归于恬淡枯寂之境。原本就像木偶的样貌更加面无表情，说话也更少了，到了最后，连有没有呼吸都令人怀疑。“已经无彼此之分、是非之别了，眼如耳，耳如鼻，鼻如口”。这便是老名人晚年自述之语。

辞别师父甘蝇四十年后，纪昌如一缕轻烟静静地离开了人世。这四十年间，纪昌绝口不提射术之事，更没有碰过弓箭。当然，作为寓言的作者，理当在这里创作出老名人晚年的丰功伟绩，以证明纪昌是名副其实的射术名人，进而满足读者的期待。但是，无论如何也不能歪曲古书上记载的事实吧。实际上，除了下面这则逸闻，已经归于无为的纪昌，在其晚年，

---

①后羿：帝尧时期的射箭高手，传说曾射下九个太阳。

②养由基：春秋时期楚国将领，古代著名的神射手，相传能百步穿杨。

并无任何值得大书特书的英雄行为。

大约是纪昌去世前一两年的事。有一日老纪昌应友人之邀前去赴约，在友人家中见到一物。这东西看起来确实很眼熟，奇怪的是，纪昌却怎么也想不起它的名字，也不记得是做何用的。老纪昌便去向主人询问，“这个到底是何物，又有何用呢？”主人只以为纪昌在开玩笑，也故作不知地笑笑。老纪昌又认真地再次询问，可是，主人家还是疑惑地笑笑，实在不明白客人到底什么意思。第三次，纪昌又一脸严肃地问了同一个问题，这时，主人家的脸上开始出现了惊愕的表情，他盯着纪昌的眼睛，可以确定，对方没有在开玩笑，也没有神经错乱，自己更没有听错，紧接着他惊慌失措地叫道：

“啊？夫子你……身为古今无双的射术奇人……竟然连弓都忘了吗？弓的名称、用途都忘了吗？！”

此事之后，一时间邯郸城里画师纷纷藏起画笔，乐师剪断琴弦，工匠也羞于再将规矩[①]拿在手里了……

---

①规矩：校正圆形和方形的两种工具。

山月记

出身于陇西（现甘肃省东南部）的李徵，自幼博学多才，于天宝（742—756）末年考中了进士，不久就补缺升任江南尉（庶务官员，主要掌管司法捕盗、审理案件、判决文书、征收赋税等杂事）。

李徵性情孤傲，自恃颇高，不甘心做一个低级的地方官吏。于是没过多久就辞官不做，回到老家虢略（现河南灵宝），每日里也不与人交往，只是埋头作诗。与其当一个整日要对着俗不可耐的上司卑躬屈膝的小官吏，李徵想要作为一名诗人流芳百世。

可是，想要扬名于世也并不容易，李徵的日子过得一天不如一天，人也愈发的焦躁起来。就是打那时起，他的容貌变得有如刀刻般消瘦见骨，只一双眼睛炯炯有神，昔日里高中进士时的那个丰腴的美少年再也无处可寻了。

这样没过几年，李徵不堪忍受贫困，为了老婆和孩子的生计，他终究还是放下身段再次东下，又当起了地方官吏。当然这也是由于他已经对自己的诗业半感绝望的结果。

李徵昔日的同辈们都业已身居高位，那些人他曾经以为愚钝根本不屑一顾，而现在他却不得不听命于他们。不难想象，这对曾经的俊才李徵来说该是多么伤害自尊心的一件事。于是他每日里怏怏不乐，狂傲执拗的心性也愈发地难以抑制。

一年后，他因公事出行在外，晚上住宿在汝水（今河南北汝河）河畔时，终于发了狂。某天晚上，夜半时分，李徵突然脸色大变，从床上坐了起来，然后一边喊叫着什么乱七八糟的东西一边跳下床，一路狂奔，直到消失在夜色中。从此以后就再也没有回来。人们在附近的山林里找了又找，没有任何线索。那之后的李徵到底怎么样了，谁也不知道。

又过了一年，一位出生于陈郡名叫袁傪的监察御使，在奉命出使岭南时，途中住宿在一个叫作商于（今河南淅川县西南）的地方。第二天一大早天还没亮正打算出发的时候，驿站的小吏告诉他们说，前面的路上有一只吃人的老虎出没，所以赶路的人们只能是白天从那里通过。现在天色还早，不如稍候片刻再出发。但是，袁傪自恃随从众多，喝住了他的话，当下就出发了。

当他们凭借着残月的微光，在山林草地中穿行的时候，果真有猛虎从草丛之中一跃而出。眼看着这只老虎就要扑到袁傪身上，却突然一个翻身，又跃回到之前的草丛中躲了起来。然后就听到草丛中传来一个人的声音在不停地嘟囔着说："好险，好险。"这个声音对袁傪来说并不陌生。虽然又惊又惧，可他还是一下子想了起来，并高声叫道："这个声音，莫非是我的好友李徵？"

袁傪和李徵于同一年进士及第，对没什么朋友的李徵来说，袁傪是他关系最好的朋友。这估计是因为生性温和的袁傪和严厉苛刻的李徵在性情上没有什么冲突的缘故吧。

草丛之中半天没有回音，只偶尔传来模糊的几声疑似强忍哭泣的声音。过了一会儿，有一个低低的声音回答道："在下的确是陇西人李徵。"

袁傪忘记了害怕，下马走近那片草丛，充满怀念地跟李徵叙起了阔别之情，并询问李徵为何不从草丛里出来。就听李徵的声音回答道："我现在已不再是人了，又怎么好意思让自己这副丑恶的样子出现在故人的面前呢？我贸然现身必定会引起你的畏惧嫌恶之情。但是，今天能够在这里偶遇故人，是多么令人高兴的事情，甚至让我忘却了羞愧。无论如何，请不要厌恶我现在这副丑恶的模样，能否和我，也就是你旧日的好友李徵聊上几句呢，哪怕只是一小会儿。"

过后想起来很不可思议，可是那个时候，袁傪一下子就接受了这个超脱自然规律的怪异之事，一点儿也没有觉得奇怪。他下令让手下停止行进，自己则站到草丛边，跟看不见的声音对谈了起来。京都的传闻，老友的近况，袁傪现在的地位，以及李徵对他的祝贺。在青年时代曾经非常亲近的两个人，用着毫无间隙感的话语，聊完了这些话题之后，袁傪终于问起了李徵为何会变成现在这个样子。草丛中的声音说出了下面这段话。

“距今一年前左右，我出行在外，晚上住宿在汝水边。那天夜里，我睡了一觉之后，突然醒过来，有人在门外喊我的名字。应声出门一看，那个声音在黑暗之中一直不停地召唤我。不知不觉，我就追着声音跑了起来。不顾一切地跑啊跑，不知何时就跑进了山林，而且，也不知从什么时候起，就开始用两只手紧扣着地面一路飞奔。那时感觉自己浑身充满了力量，轻轻松松地就跨越了岩石向前奔跑。等我发现的时候，手掌和肘部似乎都长出了毛发。等到天微微亮，我走近山涧，在水里照了一下自己的影子，我已经变成了一只老虎。

“刚开始我不敢相信自己的眼睛，接着又想，这一定是一场梦。因为，即便是在梦中也知道自己是在做梦这样的事情，在此之前也曾经发生过。等到自己必须接受这并不是一场梦的时候，心里一片茫然。接下来就是恐惧。真的是，一想到什么事情都有可能发生,就感受到深深的恐惧。但是,为什么会变成这样呢?不知道。我真的是什么都不知道。不明不白被强加于身也只能老老实实地选择接受,即使不知道是为什么,也要继续活下去,这就是我们这些生灵的宿命。

“我第一个念头就想到了死。可是就在那时,一只白兔从我的眼前跑过,立刻,我身体中属于人的那部分习性就马上消失得无影无踪。当我再一次作为人醒过来的时候,我的嘴边满是兔子的鲜血,周围散落着一地的兔毛。这就是我作为一只老虎的最初的体验。

“从那之后我到底都经历了些什么,实在是不忍心说出来。只不过,在一天之中,必定会有那么几个小时我会恢复成人的性情。那个时候,我就能像昔日一样,既可以说人话,也能进行复杂的思考,还可以诵读经史子集里的章句。而当我身处人性之中,看到作为一只老虎的自己做下的残虐之事的痕迹,并回顾自己命运的时候,那才是最为悲惨、最为可怕,也最为愤慨的时刻。

“可是,即便是人性重返的这几个小时,也随着时间流逝而越来越短。在此之前我明明还在奇怪自己怎么会变成一只老虎,可是前两天我无意间发觉,我竟然在想自己以前为什么会是一个人!这实在太恐怖了。再过一段时间,我心里的这一点儿人性,估计也会完全地被埋没在作为一只野兽的生存习性中吧。就像是古老的宫殿地基会逐渐被沙土所掩埋一样。

“这样下去,到最后我就会完全忘掉自己的过去,作为一只老虎狂奔疾走,即便是像今天一样在路上遇到你,也认不出是我的故人,估计会把你撕裂吞咽,甚至不会感到任何的悔意吧。

“其实,不管是人也好、野兽也好,原本都应该是什么别的东西吧。刚开始的时候还记得,但是渐渐地就忘记了,然后以为自己打从一开始就是现在的这副模样。难道不是吗?

“算了,这种事情根本不重要。如果我身体里的人性完全消失的话,估计那样子我应该会变得幸福。可是,在我身体里的那个人,却是最最害怕这件事的发生。啊,的确,我曾经作为一个人的记忆完全消失。他该是多么的害怕、多么的悲哀、多么的痛苦呀!这种心情有谁能懂。谁都不会明白,除非是和我有同样遭遇的人。对了,想起来了。在我的人性还没有完全消失之前,我有一件事情想要拜托你。”

以袁傪为首的一行人,屏住气息,投入地聆听着草丛中的声音讲述的不可思议的事情。这个声音继续言道:

“也不是什么别的事情,就是我原本打算作为一个诗人成名于世。但是,大业未成就落到这步田地。我昔日写就的数百篇诗作,自然也尚未流传于世。存稿固然已经不知所在,但是其中有几十首我现在还记得。我想让你帮我把它们记录下来。我并不是想借由这些诗来显摆自己够格做一名诗人。不管这些诗是好是坏,总之,如果不能把这些曾经让我即使倾家荡产、丧心病狂,也还要毕生执着的东西,哪怕只是其中的一部分传诵到后世的话,恐怕我死也不会甘心吧。”

袁傪命下属执笔,让他跟随草丛中的声音进行记录。李徵的声音从草丛之中郎朗传来,长长短短大概三十篇左右,格调高雅,意趣卓逸。每一首都是读上一遍就能让人感受到作者的非凡才思的好作品。但是,袁傪一边赞叹,一边又隐隐约约觉得,作者的水平自然是一流的,但是,如果就只是这样,想要成为一流的作品的话,似乎某些地方(于极其微妙之处)还是欠缺了一点儿什么。

倾吐完了自己的旧作,李徵的声音突然一变,像是在嘲讽自己似的说道:

“着实令人惭愧,即便是如今,已经完全变成这副丑陋模样的现在,我竟然还在梦中看到过自己的诗集正摆放在长安名士们的案桌上的情形。这可是我躺在山洞里面做的梦。尽管嘲笑我吧。一个没有当成诗人却变成了老虎的可悲的男人。”

袁傪一边想到年轻时的李徵就有这种喜欢自嘲的小毛病,一边悲哀地继续听着。

“对了，就当是个笑料也罢，我现场作诗一首来表达一下我现在的感受吧。也可以作为印证，证明曾经的李徵还依然活在这个老虎的身体里。”

袁傪又指示下属把它记了下来。诗中言道：

偶因狂疾成殊类，灾患相仍不可逃。
今日爪牙谁敢敌，当时声迹共相高。
我为异物蓬茅下，君已乘轺气势豪。
此夕溪山对明月，不成长啸但成嗥。

此时，残月冷光，白露滋生，穿梭林间的寒风也预示着天将要亮了。人们早已忘却了这件事情的诡异，神情肃然，感叹着诗人的不幸。这时李徵的声音又接着响了起来。

“虽然刚才我说过，不知道自己为什么会落到这样的一个命运。但是，换个角度考虑，也并不是完全没有头绪。当我还是一个人的时候，刻意地逃避与他人的交往。人人都说我傲慢、自大。实际上大家不知道，那其实只是一种近似于羞耻心的想法罢了。

“当然，作为一个曾经被称为乡里鬼才的我，也不能说没有自尊心。但是，那其实是一种应该被称为怯懦的自尊。尽管我也想凭借诗才扬名天下，却没有努力地去拜师，也没有积极地结交诗友进行切磋琢磨。可是即便如此，我也不愿意与那些世俗之人为伍。这些都源于我内心同时存在着的怯懦的自尊，和妄自尊大的羞耻心。

“因为害怕自己并不是一颗明珠，所以就不敢去刻苦研磨；然后，又大致相信自己应该是一颗明珠，所以也无法庸庸碌碌地跟那些瓦砾之辈为伍。就这样，我渐渐与世隔离，与人断交，心中的愤恨与恼怒最终滋长了我心里那越来越膨胀的怯懦的自尊心。

“有人说世人皆为驯兽师，而所谓的兽其实就是每个人的性情。在我身上，这种妄自尊大的羞耻心就成了我心里的猛兽。原来是只老虎。这只老虎害了我，苦了我的老婆孩子，伤害了我的朋友，最终，把我的外形变成了完全符合我自己内心的这副模样。现在想想，的确如此，其实就是我自己完全枉费了我所拥有的那么一点点才能。虽然口头上经常摆弄着几句所谓的名言警句，说什么‘若无所事事则人生太长，若有事得做便人生苦短’。事实上，害怕暴露自己才疏学浅的卑劣的畏惧，再加上不刻苦不努力的懈怠懒惰其实就是我的全部。有些人论才华虽然远不及我，但是他们专心致志，努力钻研，最终成为响当当的诗人。这样的人，数不胜数。直到现在我变成了老虎，才真正意识到了这一点。想到这些，我的内心感受到烧灼般的悔恨。我已经没办法再过人的生活。即便是现在我的头脑创作出再优秀的诗篇，又能通过什么样的手段去发表呢。更何况我的头脑也一天天地接近老虎。有什么办法呢。那些被我枉费的过往呢？我实在无法忍受。每当这种时候，我就会冲上山顶的岩石，向着空谷吼叫。想要把这种痛彻心扉的悲伤倾诉出来。昨天晚上，我也是站在那里向着月亮大声咆哮，希望有人能明白我的痛苦。可是，动物们听到我的声音只会感到惧怕，然后伏下身躯。而山，树，月亮，还有露水，也只会觉得这不过是一只老虎在发怒在嘶吼。无论我上天入地再如何的感叹，也不会有人能明白我的心情。就如同，在我还是人的时候，也同样没有人能够理解我敏感易碎的心。

“打湿我的毛发的，又何止只是夜晚的清露呢。”

终于，四周的夜色逐渐淡开，透过树林，不知从何处传来了拂晓的号角声，听上去是那么的悲伤。

已然到了必须告别的时刻。“快到我必须沉迷的时刻了（必须变身为虎的时刻）。”李徵的声音说，“但是在分别之前我还有一事相求。是我的妻子和孩子。他们现在还留在虢略，根本不知道我的命运。如果你回到南方，能否告诉他们我已经死了。还有今天的事情，也千万不要告诉他们。我知道接下来的这个要求有点儿过分，但是请你念在他们孤儿寡母的，今后如果能够想办法照顾一下，让他们不要饥寒交迫枉死街头的话，对我来说，就已经是最大的恩惠了。”

说完这句话，草丛中又传来了痛哭的声音。袁傪也眼泛泪花，欣然表示愿意接受李徵的托付。李徵的声音却又一下子回到刚才那种自嘲的感觉，继续说道："其实，我本应先拜托你这件事才对，如果我还是人的话。跟濒临饥寒交迫的老婆孩子相比，我竟然更关心自己那乏善可陈的诗业。就是因为我是这种男人，所以才最终堕落成了野兽。"

最后，李徵又补充了几句。他让袁傪从岭南返回时，千万不要再走这条路。因为到时候万一自己已完全沉迷成虎，认不出故人来，说不定会袭击他们。还有一件事，就是等到一会儿分别后，希望袁傪他们走到前方一百步左右的那个山丘上时，能够回头眺望一下这边。他说："我要让你们再看一眼我现在的模样。并非是想要炫耀自己的勇猛，而是为了让你看到我这副丑恶的姿态，从而打消你再次通过此地时想要见到我的念头。"

袁傪面向着草丛，郑重地道过别后就跨上了马。草丛之中又传来强忍悲痛的哭泣声。袁傪数度回首眺望那片草丛，流着泪出发了。当他们一行登上山丘，果然依照约定回头眺望刚刚走过的那处林间草地。突然，就看到有一只老虎从草丛的茂密之处一跃而出，站到了路上。这只虎仰头向着已经褪去光华的残月咆哮数声之后，又很快地跃入之前的草丛，再也不见其踪影。

李陵

一

汉武帝天汉二年（前99）秋九月，骑都尉李陵率领步兵五千，从边塞遮虏鄣一路向北进发。阿尔泰山脉的东南端是戈壁沙漠，北风狂啸，冰冷刺骨。在这样起伏不平的丘陵地带艰难行进了三十日，终于行至匈奴的腹地——漠北浚稽山角安营扎寨。虽说时节还只是秋季，但北地荒凉，苜蓿早已干枯，榆树、川柳的叶子也已落尽。在这只有沙土岩石和干裂的河床的满目荒凉中，别说是树叶，就连树的影子都难觅其踪。极目远眺，荒无人烟，偶尔看到的只有来这旷野寻水喝的羚羊了。冷峻的高山刺破秋空，望着奋力南飞的大雁，无论将军还是士卒却并无一人有暇燃起怀乡之情。由此可见，他们身处于何等的险境!

匈奴的主力是骑兵,而李陵所率五千军士均为步卒,骑马的仅有李陵和他的几位幕僚,兵力对比悬殊由此可见一斑,且全无后援。孤军深入敌军腹地真可谓是无谋之举。加之距这浚稽山最近的汉朝边塞居延也有一千五百里之遥,如若不是对统率者李陵的绝对信任与敬服,这些士卒断不会贸然随军西行。

每年秋风起,大汉北塞必有大队匈奴来犯,他们纵马扬鞭,剽悍异常。所到之处,杀吏掠民、抢夺家畜。五原、朔方、云中、上谷、雁门等地均难以幸免。得益于大将军卫青、骠骑将军霍去病的战略,元狩①以后至元鼎②年间得保平安。但除却这数年的安宁之外,近三十年来北部边塞一直祸事频繁。霍去病去世十八年,卫青殁后七年,浞野侯赵破奴率军出击匈奴,终致兵败,全军覆没。光禄勋徐自为在朔北筑的城障也被

①元狩是汉武帝的第四个年号。元朔六年十月,汉武帝在一次狩猎时获得一只"一角而足有五蹄"的兽(即一角兽),因此改年号为"元狩"。取此名的另一个原因是汉朝对匈奴大规模反击的进行。狩,有征伐的意思。使用时间前122年至前117年,历时六年。

②元鼎(前116—前111)是汉武帝的第五个年号。元鼎这个年号使用了六年。早期观点认为元鼎四年得宝鼎,是元鼎年号的来历。也因此推断元鼎才是年号的开始,之前的年号都是追加的。但是现在一般的观点都认为建元确是第一个年号。《史记·孝武本纪》:"五月,返至甘泉。有司言宝鼎出为元鼎,以今年为元封元年。"

悉数破坏。值得全军信赖的将帅也就只有不久前远征大宛的贰师神勇将军李广利了。

天汉二年五月夏，匈奴侵略在即，贰师将军李广利统领骑兵三万从酒泉出发，准备在天山一带攻击一直觊觎西部边塞的匈奴右贤王。武帝召见李陵，命他为大军押送粮草。李陵来到未央宫的武台殿，向武帝叩头坚请不愿只做贰师将军的粮草押运官。李陵乃飞将军李广之长孙，自幼便被认为颇具李广当年的风范。他精于骑射，几年前即升任骑都尉，驻扎在酒泉、张掖等地教习兵士箭术以防卫匈奴。年近四十正满怀壮志却只能运送粮草，实在有损颜面。李陵叩请道："臣所率领的屯边将士，都是荆楚勇士，力可缚虎，射必中的，望能自成一军，牵制单于以分散其兵力，为国效命。"武帝颔首同意了李陵的请求。但因朝廷不断向各方派兵，导致没有马匹拨给李陵。

虽然这样出兵很冒险，但比起运送辎重，李陵更想要和五千不惧生死的亲兵们共进退。"不需给马匹，臣愿以少击多。"武帝闻听李陵此言后大喜，并诏令当时驻守居延的强弩都尉路博德领兵在中途迎候李陵的部队。李陵立即返回张掖，领兵向北进发。

路博德本是霍去病的部下，曾官至邳离侯，十二年前作为伏波将军率领十万兵马灭了南越[1]，后因犯法被削爵贬官，驻守边塞，沦落到如今的境地。按年龄来论，他与李陵可以父子相称。如今让这样一位曾封侯拜相的老将听命于李陵，其心中自然很不痛快。路博德在迎候李陵部队的同时，派人上奏说："如今刚入秋季，正值匈奴兵肥马壮之时，以孤军迎击擅长马战的匈奴并非上策。如若圣上恩准臣等挨至来年春天，臣与李陵各率酒泉、张掖五千骑兵分别攻打东西浚稽山，那时必将大获全胜。"当然，李陵对路博德上书之事一无所知。武帝览奏后大为震怒，怀疑是李陵反悔怯战，不想出兵而指使路博德上书。于是即刻下诏路博德："李陵之前夸下海口要以少击众，如今匈奴侵入西河，你不可顾彼，速率你部赶往西河，坚守钩营之道。"又飞马传诏李陵："即刻发兵赶往漠北，到东浚稽山南面龙勒水一带，侦察敌情，如无异常，则沿着浞野侯赵破奴走过的路线抵受降城休整。"诏书言辞激烈，诘问李陵为何临阵怯战。先不说敌众我寡徘徊在敌地有多危险，胡地气候恶劣，将士徒步行军，车辆辎重全靠人力，单这被指定的

①南越国（前203—前111），是秦朝将灭亡时，由南海郡尉赵佗起兵兼并桂林郡和象郡后于约前204年建立，于公元前111年为汉武帝所灭，传五世，历九十三年。国都位于番禺（今广东省广州市），疆域包括今天中国的广东、广西两省区的大部分，福建、湖南、贵州、云南的部分地区和越南的北部。南越国又称为南越或南粤，在越南又称为赵朝或前赵朝。

数千里行程，对没有马匹的军队来说已是雪上加霜。武帝绝不是昏君，但和同样不是昏君的隋炀帝、秦始皇一样拥有共通之处。即便是宠妃李夫人的兄长做贰师将军，因兵力不足而想要从大宛撤兵回朝，也触到了武帝的逆鳞，直接将其关在了玉门关外。而征讨大宛最初也只是想要夺取大宛的战马。天子一言九鼎，不管决定多么任性荒谬，臣子都要无条件执行，更何况李陵目前的状况本就是他自己恳请的结果。除了季节的因素和距离遥远之外，李陵没有任何踌躇的理由。于是，李陵踏上了没有骑兵的北征之路。

在浚稽山山间驻扎十余日，其间，李陵每日远派侦察兵探测敌情自不必说，附近的山川地形也被无一遗漏地绘制成图，上奏朝廷。李陵遣麾下陈步乐随身携带上奏文书，骑上军中不足十匹马中的一匹，孤身一人回朝禀报。临行前，陈步乐向李陵深深一揖，跨马扬鞭疾驰而去。全军将士怀着复杂的心情，目送着那一人一骑渐渐地消失在了灰茫茫的沙漠之中。

李陵率军在浚稽山间驻扎期间，浚稽山方圆三十里的范围内并未发现匈奴的一兵一卒。

贰师将军在夏天先于李陵出师天山并将匈奴的右贤王击败，但在回程途中，被另一支匈奴大军围困，遭遇了惨败，军中将士阵亡过半，就连贰师将军自己也差点儿命丧黄泉。消息传来，李陵对敌情进行了预判。那么，战胜李广利的敌军主力目前位于何处呢？路博德和李陵分兵之后驰援的公孙敖将军在西河、朔方一带所御之敌，从距离和时间推算都不可能是击败贰师将军的敌军主力，因为敌军无论如何也不可能跃进四千里，那么迅速地从天山到达鄂尔多斯。因此几乎可以断定，匈奴主力的位置就在李陵军队与北方郅居水[①]之间。基于这一判断，李陵每天都会登上山顶观察敌情，但映入眼帘的总是一片茫茫平沙，由西至北是连绵起伏、树木稀疏的山丘。除了不时有不知是鹰还是隼的飞鸟掠过之外，仍然未曾看到任何一个胡兵。

李陵军的宿营地在峡谷当中一片稀疏的树林边上，营地四周用兵车环绕，其内是一座座的军帐。入夜，气温骤降。士兵们只能寻找少得可怜的树枝来焚烧取暖。随着时间的推移，月亮渐渐隐去，也许是空气干燥的缘故吧，星星看起来十分美丽。平安无事地度过了十数日后，第二天终于可以拔寨撤离了。但就在这天晚上，一名哨兵一如这么多天以来一样，注视着闪着青冷星光的天狼星下那远处漆黑的山峦时，突然发现星空的下方出现了一颗颇大的赤黄色星星。正惊讶时，那颗没见过的巨大星星拖着冗胖的尾巴移动了，之后，两颗、

①中国汉朝时色楞格河古名，发源于蒙古国境内库苏古尔湖以南，注入贝加尔湖。

三颗、四颗……越来越多。就在哨兵不由得想要叫出声来的时候，刚才看到的那一幕仿佛都是梦境，远处的灯火又一下子消失了。

接到哨兵的报告后，李陵命令全军立刻做好战斗准备，待明天天亮出击迎敌。随后，他走出营帐，查点部署好各路将士后才返回大帐内休息，顷刻间鼾声如雷。

第二天早上，李陵一睁开眼便走出大帐巡查。全军已按昨晚的命令摆好阵势，兵车在内，士兵在外，手持长戟和盾牌的士兵在前，持弓箭的在后，严阵以待。黎明前的黑暗里，峡谷两侧的山峦格外沉寂，但隐约还是能感觉到岩石的背后暗藏着的杀机。

朝晖射入谷口时，此前光秃秃的山上，一下子涌出了无数的胡兵，从山顶到山坡漫山遍野（大概匈奴的单于不拜朝阳不发兵吧）。他们呼啸着杀下山来，喊杀声震天撼地。当胡兵先锋逼近到只有大约二十步的距离时，安静的汉营才首次响起了鼓声。瞬间万箭齐发，数百胡兵齐齐倒下。间不容发之际，汉军前列的持戟士兵冲向了余下的想要逃跑的胡兵，胡兵阵脚大乱，溃不成军，四下逃窜上山，汉军追击，又毙敌数千。

汉军打了个漂亮的胜仗，但敌军又怎会善罢甘休呢？仅是今日的敌军就足足有三万，从山上飘扬的旗号来看，几乎可以肯定是单于的近卫军。如若单于在此，那么派出八万乃至十万后援都是有可能的，必须做好这个心理准备。李陵重新对局势做出判断后，下达了命令，改变原定计划，不去东南方两千里之外的受降城，即刻撤离此地向南进发，沿着半个月前的来路向南，希望尽早返回居延塞（相距一千余里）。

部队南撤的第三天正午时分，汉军后方的北边地平线上尘土飞扬，遮天蔽日，匈奴的骑兵尾随追击而来。约八万胡兵凭借骑兵行动迅速的优势，仅用一天就将汉军团团包围了。但鉴于前次的惨败，胡兵并不敢逼近。只是一边远远地包围南撤的汉军，一边从马上向汉军射箭。李陵见状，下令全军停止南撤，就地布阵准备战斗。但胡兵并不接战，而是骑马远撤，躲避与汉军正面对抗。但汉军一开始行进，胡兵又再次靠近射箭。循环往复，汉军的行军速度明显减慢，且死伤人数与日俱增。如同恶狼盯上了旷野中饥寒交迫的旅人一般，匈奴采用这拖死汉军的恶狼战法，穷追不舍，一点一点地消耗汉军，伺机完成对汉军的致命一击。

如此且战且退地南行数日后，汉军在一个山谷得到了一天难得的休整。由于伤兵众多，李陵一一点兵、查明负伤情况后，下令道："负伤一处者仍需坚守，持兵器誓死抵抗；负伤两处者互相协助推动兵车；负伤三处者可轮流乘兵车前行。"因为缺乏运输能力，死去士兵的遗体只能安放在这荒野之中了。

当晚，李陵在巡视营帐时，偶然间发现了辎重车中一女扮男装的妇女。搜查全军车辆后，发现同样潜藏的女人有十多个。昔日，关东盗贼被判处死刑时，他们的妻子孩子就被驱逐流放到这西部边陲。这些寡妇中，多数因穷困或再嫁与戍边士兵为妻，或彻底沦为军中的娼妇。她们藏匿于兵车之中，不远万里，甚至跟随至这漠北。李陵并没有责罚带她们前来的士兵，只是简单地命令军吏斩杀她们。被带到山涧凹地上的女人们不停地尖叫大哭，瞬间，那凄厉的哭喊声像被深沉的夜所吞噬了一样一下子消失了。军帐内的将士们听着这一切，无不陷入了肃穆的沉思中。

次日早晨，一直尾随的胡兵抵近来战，汉军一扫连日来被胡兵纠缠的满腔愤懑，全力以赴，痛快地大战了一场，仅敌军丢弃的尸体就有三千多具。第二天，李陵率军仍依照之前的计划，沿着故龙城道南撤。胡兵因为吃了亏，又故技重施，使用起了先前的尾随战术，伺机而动。

第五天，汉军踏入了一片沙漠中鲜见的沼泽地。水面虽已上冻，但泥泞依旧，深至膝盖。满目都是望不到尽头的枯黄的芦苇荡。就在这时，一队胡兵绕行至上风处，在芦苇荡中放起火来。风助火势，在正午的阳光下，发白的火光快速地逼近了汉军。李陵见状，立刻命令迎着火势烧掉附近的芦苇和可燃物，总算是勉强抵御住了匈奴的火攻。火虽控制了，但在这样的沼泽中推车行进,其艰难程度无以言说。汉军无处休息,在泥泞中艰难地行进了一夜,次日一早,终于走进了丘陵地带。然而就在这时,汉军遭遇了早已迂回埋伏在此的敌军主力。人喊马嘶,展开了一场空前激烈的肉搏战。为了躲避敌军骑兵的猛烈突击,李陵命令舍弃兵车,将战场引向山脚的一片树林中。汉军以树林做掩护,弓弩齐发,射向胡兵,颇为奏效。现身阵前的单于及其近卫军,面对汉军的乱箭齐发,单于胯下的白马因受惊而前蹄高举,身体直立,将身着皂袍的单于掀翻在地。两名亲兵见势不妙,在马上一左一右将单于捞上马,近卫军立刻围拢,保护着单于迅速地撤退了。战斗进行得激烈、胶着,虽然汉军最终击退了执拗的敌人,并毙敌数千,但汉军自身也伤亡近千人。

李陵从捕获的匈奴俘虏口中获得了一些敌军的信息。据俘虏供述,单于很是惊叹汉军的强韧,赞叹汉军能面对二十倍于己的匈奴大军毫不畏惧。因此,单于怀疑李陵一行并非孤军深入,他们日夜南撤是为了引诱匈奴大军,大概是在附近隐藏着伏兵。前一天晚上,单于与各路将领商议对策时,说出了自己的疑虑。最后,匈奴将帅一致认为,汉军在附近的确有可能埋有伏兵,但无论如何,单于亲率数万铁骑却不能歼灭区区几千汉军,这关乎匈奴的颜面。因此,务必利用接下来向南的四五十里的山地,在山谷间再度猛攻,力争在出了山谷时一战击溃汉军。如若仍不能破敌，那时就立刻收兵北撤。听闻此信，汉军校尉韩延年及幕僚们心中隐隐燃起了些许希望。

第二天，匈奴军的攻击果然很是猛烈，这大概就是俘虏口中所说的最后的攻击了吧。这一天匈奴军发动了十数次猛烈的进攻，汉军一边给予有力的回击，一边向南撤退。经过三天的拼杀，汉军终于冲出山谷进入了平原。然而，等待他们的却是匈奴骑兵更为猛烈的围攻。由于地势平坦开阔，更加有利于骑兵作战，因此，匈奴骑兵的进攻近乎疯狂，想要一举击溃汉军。但在汉军的拼死回击下只能丢下两千余具尸体撤退了。如若俘虏所言不假，接下来匈奴军将会停止追击。当然一个战俘的话有多少可信度仍然存疑，但汉军上下悄然松了一口气却是不争的事实。

但就在当天晚上，一个叫管敢的军侯逃离汉营投降了匈奴。管敢曾是长安城的一个恶人，昨晚，因其侦察敌情时出了纰漏而被校尉、成安侯韩延年当众责罚。再者，李陵先前下令斩杀军中妇女时，其妻子也在其中。他因此怀恨在心。逃到匈奴军营后，因他知晓先前被俘胡兵的供述，故而一被带到单于面前，他就全力说服单于道："李陵军无后援，完全没有必要因害怕有埋伏而撤退。并且汉军箭矢已尽，加之负伤者不断增加，行军很是困难。汉军主力就是李陵将军麾下和成安侯韩延年手下各八百人，分别以黄、白二色为旗，明日派精锐骑兵集中攻击，只要击而破之，必能大获全胜。”单于闻听大喜，厚待管敢，立刻撤销了退兵的命令。

次日，匈奴精兵一边高呼“李陵、韩延年快降！”一边全力绞杀黄、白旗的汉军。由于匈奴军攻势强劲，汉军渐渐力不能支，偏离了原定道路，被包围在西面的一个山谷之中。匈奴军从四面的山坡用弓弩攻击汉军，顷刻间箭如雨下。汉军虽想反击，但无奈箭已全部射光。出遮虏鄣时，五千士兵每人各备一百支箭，但时至今日，五十万支箭已悉数射尽。不仅是箭，全军的刀枪矛戟也折损过半。真正是刀折矢尽，弹尽粮绝。赤手空拳的兵士无奈之下，只能斩断车轮当武器，军吏们也只有短刀。越往谷里走，空间越狭窄。胡兵居高临下，从崖上抛下巨石，其杀伤力远胜弓箭，汉军死伤者剧增，无法脱身。

当晚，李陵换上便衣，禁止任何人跟随，独自出营去了。从浚稽山撤离时夜如锅底，伸手不见五指。但如今明月如昼，月光射进山谷，山涧中是堆积如山的尸体，铺满山坡的白霜在月光下如同被水洗过一样湿漉漉的。营中的将士们单从李陵的服装来看就不难猜测，李陵是准备只身涉险刺探敌情，如果运气好的话，他定会刺杀单于。过了好久，李陵还没有回来，大家都屏住呼吸焦急地窥探着外边的情况。远处山顶上，从敌营中传来了阵阵胡笳的吹奏声。许久之后，李陵悄无声息地掀起帷帐进到军营，一落座便叹息道：“兵败如此，唯求一死!”满座寂静。一军吏说:“将军威震匈奴,陛下不会让您死,以后可想别的办法回去,像浞野侯赵破奴虽被匈奴俘获,但几年后逃回去,陛下仍以礼相待,何况对将军您呢!”李陵打断他的话,说:“先不说我,要是我们有数十支箭的话就能突出重围去,但目前,我们刀折矢尽,如果坐以待毙到明天天明就只有束手就擒了。今晚不如各自作鸟兽散,或许还可能有逃回去报告陛下的人。据观察可知,目前我们处在汗山的北面山地中,到居延还有几天的行程,虽无十分把握能够安全逃离,但再也别无他法。”诸将领也点头表示同意。李陵令将士们每人携带两升干粮,一大块冰,约定在边塞遮虏鄣会合。将士们将军旗放倒砍断埋于地下,为防敌军使用,将带不走的武器兵车就地击毁。夜半时分,击鼓为号,全军突围。李陵和韩延年率领十多名壮士骑马在前,目的是冲出峡谷的东口来到平地,接着向南撤退。

临近黎明时分,月亮早已落下。因攻敌不备,三分之二的李陵军顺利突围。但是,立刻就遭到了敌军骑兵的追击。虽然大部分步兵被杀或被俘,但仍有数十人趁着混战夺取了敌军的战马,挥鞭南去。李陵确认了摆脱敌军追击的士兵达到百余人后,又策马返回了峡谷入口的修罗场,冲入敌群,往来冲杀。这时,李陵已经多处受伤,流血不止,征衣上已是血迹斑斑,无法分辨是自己的血还是敌人的血。和他一起的韩延年早已战死。眼见全军尽失，李陵自觉已无颜面再见天子，黑暗中，敌我难辨，他挺起战戟，以必死的信念左突右冲，奋力杀敌。突然，李陵的战马被流矢射中，无力地向前倒去。几乎就在同时，李陵也被重物击中后脑昏死了过去。顷刻，胡兵里三层外三层地扑向滚落下马的李陵。

二

李陵所率汉军五千，自九月出发至十一月，短短两个多月的时日，最终只有不足四百人辗转回到了边塞。伤兵满营，将军也生死未卜，伤亡可谓极其惨重。军情立刻通过驿站传到了都城长安。

不出所料，武帝并没有生气。原因有二，一是就连李广利率领的汉军主力都吃了败仗，又怎么会对李陵的一小支孤军寄予太多的希望呢！其二，武帝认定李陵早已兵败战死。让人觉得悲惨却又无可奈何的是，之前作为李陵信使的陈步乐在这样的状况下必须自我了断。因他带来捷报说“前线无异常，全军士气高昂”，武帝因此还将他留在了都城，并擢为骑都尉属下典军校尉。然世事难料，现下却落得如此下场。

第二年，即天汉三年春，当武帝得知李陵没有战死，而是被捕后沦为俘虏的确切消息后，勃然大怒。即位四十余年，武帝虽已近花甲，但性情却比年少时更加暴烈。此时的武帝极度信奉神怪，因此被自己所供奉的“仙人”多次欺骗。此时的汉朝正处鼎盛时期，做皇帝五十多年，至中年以后，武帝越发留恋自己的帝位，对死亡很是恐惧。正因如此，被方术仙士欺骗对他打击巨大。随着时间的推移，这样的打击使得原本生性豁达的武帝内心深处滋生了对人的不信任和对群臣的猜忌，这直接导致了像李蔡、青霍、赵周等丞相接连被诛杀，以及时任丞相的公孙贺不顾体面在武帝面前失声痛哭。在硬汉汲黯辞官归隐后，武帝身边的群臣就只剩下了一些奸佞或酷吏。

武帝召集众臣商议如何处置李陵。由于李陵本人不在京师，故而对他的处罚全部都归结到他的家眷及家产上。有一廷尉，素以酷吏闻名，极谙察言观色、阿谀奉承之道，在法律的边缘曲解法律以迎合武帝。有大臣以法律的权威性对其发难，他却反诘道：先皇的“是”是律，当今皇上的“是”是令，皇上的意思不就是法律吗！朝中一众臣子尽皆与廷尉无异，从丞相公孙贺、御史大夫杜周、太常到赵弟及以下，并无一人愿意冒着触怒皇上龙威的风险为李陵辩护，反而极尽口舌辱骂李陵卖国，甚至发出“一想到和李陵这样的卖国贼同朝为官实感羞耻”这样的言辞。

满朝之中，有一个人正在厌恶地看着眼前发生的这一切。这个人就是太史令司马迁。他心想，如今诬陷李陵之人，不正是几个月前还曾举杯为其饯行，祝其早日得胜归来之人吗？

当漠北传来消息说李陵所率部队健在时,不正是这些人交口称赞李陵不愧是飞将军李广之孙,孤军奋战,着实勇气可嘉吗?现如今就都是一副落井下石的嘴脸!他对武帝的举动亦是颇为不解。以武帝之聪明,明明可以轻易识破群臣的谗言和诬陷,却因不想听真话而默不作声。这一切都太不可思议了!不,不是不可思议,而是人本就是这样的!司马迁虽然早就了解人性如此,但还是很痛心。作为太史令位列朝纲,武帝当然也征询了他对此事的看法,他实事求是地赞扬了李陵:"李陵孝敬长辈,待人真诚,经常奋不顾身解救别人于危难之中。从他的一贯表现来看,颇有国士之风。今日他发生了不幸的事,那些贪生怕死的臣子为了保全身家性命,夸大其罪,任意诬陷,着实令人痛心!况且李陵只率领不到五千的步兵,长驱直入匈奴腹地,面对数万敌军,仍使匈奴自顾不暇,以致招来全部会射箭的民众一同围攻李陵。李陵转战千里,箭尽路绝,士兵拉的是空弩,冒的是白刃箭雨,仍然在同敌人殊死搏斗,能得到士兵此番卖力拼死搏斗,古往今来唯李陵一人。他虽然战败被俘,然而他重创敌军的战绩,足以让其光耀天下。李陵之所以苟延残喘,完全是为了有朝一日还可以继续报效朝廷,为天子效力啊。"

司马迁的一番话,惊得群臣目瞪口呆。他们畏畏缩缩地抬头看看被气得太阳穴青筋突起、浑身颤抖的武帝,心里冷笑道："竟敢说我们是贪生怕死诬陷朝廷良将的臣子，看着吧，看看你的下场！"

司马迁刚一奏毕，立刻就有"贪生怕死只顾保全身家性命的臣子"出班奏道："司马迁与李陵私交甚笃，和贰师将军颇有嫌隙。他褒奖李陵就是为了陷害先于李陵出兵却兵败而返的贰师将军。一个负责星象占卜的小小太史令，竟如此出言不逊，诋毁群臣，应当治罪。"令人惊奇的是，司马迁竟然先于李陵的家人被定罪，翌日便被交由廷尉施以宫刑。

在古代中国，主要的刑罚有墨、劓、刖和宫刑四种。武帝的祖父文帝时期，废除了前三种，只有宫刑被保留了下来。所谓宫刑，就是让男人失去男性特征的耻辱的刑罚，也称为腐刑。究其原因，一说是因为伤口处释放腐臭而得名；另一说是因为让男人沦落为没有生育能力的朽木一般的物种。受过该刑罚的人又被称为阉人，宫廷宦官中的大部分人受过此刑。司马迁就被处以此种刑罚。虽然后世我们因为《史记》这部恢宏巨制对司马迁评价极高，但当时的太史令司马迁仅仅是个渺小的刀笔吏。他虽能力出众，但自视过高，不善交际，与人争论时言辞犀利从不肯输于人，因刚愎孤僻的性格经常被人在背后指点。所以，即便说他被施以腐刑，也无人惊讶。

司马迁祖上原是周朝的史官，后历经入晋、侍秦，至汉朝时，其第四代传人司马谈，也就是司马迁的父亲侍奉武帝，并于武帝建元年间做了太史令。司马谈除了深谙音律、刑罚、天文占卜之外，还精通道、儒、墨、法等各家之说，更难得的是，他可以把这些知识融会贯通，运用自如。司马谈认为自己的优良品质和文学造诣完全遗传给了儿子，他给儿子最大的教育就是传授完各家之说后让儿子云游四方，这在当时是极为鲜见的。但正是这些经历为司马迁日后成为历史大家奠定了基础。

元封元年，武帝东巡泰山，并在山上举行祭祀天地的大典的时候，司马谈却因病留在了周南，未能随行。他因此终生抱憾，后抑郁愤懑而死。编纂贯穿古今的通史是他的夙愿，但仅仅收集材料就耗费了他毕生的精力。他临终前的情况被儿子司马迁详细记录在了史记的最后一章中，据此可知，当他知道自己行将就木时，他紧握着儿子的手痛心地说着编史的重要性，哀叹自己没有机会再从事此事，而让贤君忠臣的事迹淹没在历史的洪流中。“余死，汝必为太史；为太史，无忘吾所欲论著矣。且夫孝始于事亲，中于事君，终于立身。扬名于后世，以显父母，此孝之大者。”反复告诫后，司马迁俯首流涕曰：“小子不敏，请悉论先人所次旧闻，弗敢阙。”

司马谈去世两年后，司马迁顺理成章地承袭了太史令一职。他本打算利用父亲收集的资料及宫廷所藏的密册，立刻着手编史，但因承担了修改历法的任务，所以，直到四年后即太初元年，司马迁在完成了历法的修改之后才开始了《史记》的编纂，时年他四十二岁。

司马迁其实早已完成了新撰史书的腹稿。他腹稿中的史书和以往的任何一本史书的形式都不相同。他认为，作为以道义为衡量标准的史书，当首推《春秋》。但这部书在历史史实的记述方面却差强人意，比起教训应添加更多的史实。《左传》和《国语》的确都记录了许多史实。《左传》叙事的巧妙手法让人惊叹，但是对事件中的人物探求不足，虽然每个人仿佛都跃然纸上，但并没有对这些人进行严格全面的调查，这令司马迁非常不满。迄今为止的史书总是着眼于对过往历史的记载，而缺乏给后人的警示。因此，传统的史书是无法满足司马迁的。但对于传统史书的积弊，他自己也是开始写的时候才逐渐清晰起来的。比起对传统史书的批判，司马迁最想表现的是自己心中的愤懑，而他的批判实际上是一种创新。虽然他并不确定自己长期以来在脑海中的构想是否真的可以称之为史书，但是无论如何，他坚信自己所想就是他不得不写的东西，无论是对世人、对后代，还是对自己来说。司马迁效仿孔子，采取“述而不作”的方式作史，当然两者是有区别的。对于司马迁来说，单纯地按编年体列举事件这样的“述”是没必要的，而妨碍后人知道事实本身的道义上的评判这样的“作”也是必须排除的。

从汉朝一统天下到武帝时代,已经历经五代近百年了,因秦始皇的焚书坑儒所销毁或隐匿的书籍逐渐得以现世,呈现出了一派生机勃勃的文化景象。同时,不仅是汉家朝廷,时代也在呼唤着新纂史书的出现。就司马迁个人来说,有父亲临终遗训的激励、父亲生前对他的培养,他在观察能力、思考能力以及文字表达方面已经具备了将史书一气呵成的能力。因此,起初的撰写工作进展得非常顺利。甚至可以用顺利得令人难以置信来形容。从开始的《五帝本纪》到夏殷周秦本纪前后,他就像是一个技艺超凡的技师,在材料的安排、记述的严密性等方面,几乎无可挑剔。但是,在写完秦始皇后,进入到《项羽本纪》时,他这个技师似乎忽然失去了应有的冷静,或是感到被项羽附体,或是自己变身成了项羽,俨然已经与项羽浑然一体。

项王则夜起,饮帐中。有美人名虞,常幸从;骏马名骓,常骑之。于是项王乃悲歌慷慨,自为诗曰:“力拔山兮气盖世,时不利兮骓不逝。骓不逝兮可奈何,虞兮虞兮奈若何!”歌数阕,美人和之。项王泣数行下,左右皆泣,莫能仰视。

“能这样写史吗?”司马迁开始疑惑了。原因在于他对“作”的极度警惕。他认为自己的工作是极尽式的“述”。他确实只陈述了事实,但却是采用生动的描写手法,是没有特殊想象力者所难以企及的记述方式。由于过于担心“作”，他会回过头来重新审读已完成的部分，删掉那些让历史人物如现实人物般栩栩如生的语句。这样一来，那些人物鲜活的呼吸确实没有了，也没有了对“作”的任何担心，但他时常自问，这项羽还是项羽吗？项羽、始皇帝和楚庄王似乎都变成了同一个人。不同人被记述为同一人，这称得上“述”吗?！“述”难道不是人各有异吗？这样一想，他又重新添上了那些先前删除的字句。如此这般，司马迁才终于满意了。是的，连同那些历史人物，项羽、樊哙和范增等，大家都在各自的归属中安心了。

几年来，司马迁可以说过着幸福而充实的生活（当时的幸福虽然和现代人追求的幸福内容不同，但对幸福的追求相同）。司马迁性情极其洒脱，笑得开心，气得纯粹，喜好辩争，并以驳得对手体无完肤为乐，是个永不妥协的人。然而，几年后，突然大祸临头了。

三

于混战中失去知觉的李陵，终于在点着兽脂油灯、烧着兽粪的单于的大帐里苏醒了过来。瞬间，他便对自己的处境做出了判断。或是自刎以免其辱，或是暂且降敌然后再找机会逃走，为的是建立功勋以赎败军的罪责。除此之外别无出路。

李陵果断地决定选择后者。

单于亲自替李陵解开了绑缚在身上的绳索,并极尽热情与真诚,厚待李陵。且鞮侯单于[①]是上一代呴犁湖单于[②]的弟弟,是个体格健壮、巨眼赤髯的中年魁梧男子。他坦率地说,自己先前曾跟随数代单于与汉军交战,但未曾遇到过像李陵这样难缠的对手。他甚至还将李陵与其祖父、射石搏虎的飞将军李广相比,称赞李陵的骁勇善战。单于告诉李陵,李广的骁名至今仍在胡地广为流传着。李陵能受到优待,不仅因为他是英雄的后代,更因为他自身也很强大。瓜分食物时,强壮者获得美味,老弱者只能有残羹冷炙,这是匈奴的一贯做法。在这里强者是绝对不会受到羞辱的。因此,降将李陵被赐予了一间毡帐和数十名侍者,并以宾客之礼受到款待。

对李陵来说非常新奇的生活就这样开始了。住的是穹庐毡帐,吃的是牛羊马肉,喝的是酪浆、兽奶、乳酪酒,穿的是用狼皮、羊皮、熊皮缝合而成的裘衣。匈奴人的生活中,除了畜牧、狩猎和抢掠之外,并无其他内容。匈奴是一个既没有城郭又没有田地的国家,在一望无际的高原上,根据河流、湖泊和

---

①西汉匈奴单于。为亚洲古匈奴的君主之一,他于前 101 年接任呴犁湖单于担任匈奴单于,前 96 年卒于任。

②为亚洲古匈奴的君主之一,他于前 102 年接任乌师庐儿单于担任匈奴单于,前 101 年卒于任。

群山形成了自然边界。除了单于的直辖土地之外，其余的土地被分为左贤王、右贤王、左谷蠡王、右谷蠡王等诸王侯的领地，牧民的移居只能在各自的边境范围之内。虽然偶有村落，但随着季节的变化，人们会追逐着水源和草场不断迁徙。

李陵没有被授予土地，终日与单于麾下的诸将一直跟随着单于。李陵时刻不忘寻找时机刺杀单于，但并没有获得什么机会。因为即便是杀死了单于，要想带着他的首级安全脱逃，也是难于登天。更何况如果在胡地将单于击杀，匈奴一定会将这有损自己颜面的事实秘而不宣，消息也难以传到朝堂之上。于是，李陵一直在耐心地等待着那个几乎不可能的机会的到来。

单于手下除了李陵，还有几个投降的汉人。其中有一个叫卫律的男子，他虽不是行伍出身却被封为丁零王，最受单于重用。卫律的父亲是胡人，但他却生长于长安，武帝时期曾在汉朝为官，因怕被协律都尉李延年事株连，前些年逃走回归了匈奴。毕竟是胡人血脉，卫律很快就适应了胡地的生活，并且他也颇是个人才，因此，经常出入且鞮侯单于的军帐，为其出谋划策。李陵几乎不与投降匈奴的汉人说话，这个卫律也不例外，因为他觉得没有人和他一起做他脑中策划的那件事。而其他的汉人降将之间也关系尴尬而微妙，互不亲近。

单于向李陵请教过一次军事战略上的问题。因为那是对东胡的战争，所以李陵爽快地阐述了自己的意见。之后，单于又一次要求李陵出谋献策，但由于这次是关于对汉军作战，李陵满脸厌恶之色，缄口不言。单于也没有强求他。那之后过了很久，单于命李陵作为侵略代上郡的匈奴军的一名将领随军南征。李陵坚称“不与汉军兵戈相向”，果断地予以拒绝。之后，单于再没有对李陵提出过类似的要求。对他的待遇也一如既往，只是因为爱惜英雄而优待他。总之，李陵认为这位单于是个君子。

单于的长子左贤王是个二十岁刚出头、虽然粗犷但勇气可嘉的青年。对于李陵，他表现出了非同寻常的好感。与其说是好感不如说是尊敬也许更加贴切。那是一种对强者的赞美和敬服，纯粹而强烈。他一开始到李陵这里来，是要求李陵教他骑射。但在骑术方面，他一点儿也不逊于李陵，尤其是驾驭裸马，他的技术远在李陵之上，所以李陵决定只教他射箭。左贤王是个刻苦钻研的弟子。当讲到祖父李广在射箭方面出神入化的技艺的时候，这个胡族青年听得满眼放光。他们二人经常只带很少的随从，一起结伴去狩猎。在茫茫的旷野上，两人随心所欲地纵横驰骋，射猎狐狸、狼、羚羊、野鸡等各种动物。有天傍晚，当两人将随从远远地甩在身后，箭也用光了的时候，突然被一群狼围住。李陵在前，左贤王在后，两人奋力策马冲出狼群，这时一只恶狼突然跃起咬住了李陵的战马屁股。危机之中,只见随后赶来的左贤王挥手一刀将恶狼拦腰斩断。脱险后一看,两个人的战马都已被狼群撕咬得遍体鳞伤,全身是血。就在遇险的那天晚上,大家在帐篷里一边呼呼地吹着热气,一边愉快地享受着用捕获的猎物烹制的美味时,李陵突然对眼前这位脸被火光照亮的年轻的藩王之子产生了一种复杂的类似于友情的感情。

天汉三年秋,匈奴又一次进犯雁门。为了报复,天汉四年,汉朝廷派贰师将军李广利,率骑兵六万、步兵七万出兵讨伐匈奴,强弩都尉路博德领军万余为李广利接应。同时,分别遣因杅将军公孙敖率一万骑兵、三万步兵出战雁门,游击将军韩说率步兵三万出战五原,开始了近几年来没有过的大规模北伐。单于得报后,立刻将妇女老幼、牲口财产等全部转移至余吾水(今蒙古人民共和国的土拉河)以北,亲率十万精骑在余吾水南岸的大草原迎战李广利、路博德的军队。连战十余天后,汉军最终无奈退兵。拜李陵为师的年轻的左贤王,率另一队人马向东迎战因杅将军公孙敖,大获全胜。汉军的左翼韩说将军所率大军也一无所获,无奈也退兵了。至此,规模空前的北伐以完全的失败告终。李陵像以往一样没有出现在前线,而是撤退到了余吾水以北。但当他发现自己竟然悄悄挂念着左贤王的战绩时,不由得感到了愕然。当然了,从整体来说,他盼望着汉军能够高奏凯歌。但不知怎的,他唯独不希望左贤王战败。李陵为此感到特别自责和愧疚。

那个被左贤王打败的公孙敖回到长安后,因损兵折将且徒劳无功而被捕入狱。他为自己辩解称"据敌军的俘虏说,匈奴军之所以强悍,是因为从汉朝投降的李将军常常练兵、教授军事战略,以抵御汉军"。即使如此,这也不能成为自家兵败的理由,所以,因杅将军并没有获得赦免。但汉武帝闻听此事后暴怒不已,将先前已经赦免了的李陵一族复又投入监牢,并将上自李陵的老母,下至其妻、儿女、弟弟全数斩杀。当时陇西(李陵老家是陇西)的士大夫们都以李陵不能以死全节、累及家室为耻。

李陵得知这个消息是在大约半年之后,是一个在边境被俘的汉军士兵告知的。李陵闻听后,突然站起来抓住了那个士兵的领口,一边用力地摇撼着那个士兵一边确认消息的真伪。当得知消息属实后,他牙关咬紧,两手紧握,那个士兵痛苦地挣扎着、呻吟着。原来李陵在无意识间已经掐住了他的喉咙。他手一松,那个士兵扑通一声瘫倒在了地上。李陵看都没看他一眼,飞奔出了毡帐。

李陵在原野上狂奔,暴怒的情绪在他的头脑中卷起了旋涡。他想起老母亲和幼子,心像被灼烧一般,但他没流一滴眼泪。也许是太过愤怒,眼泪也干涸了吧。

不仅仅是这次,迄今为止,汉家朝廷又是如何对待李氏一族的呢？李陵想起了祖父李广临终时的情形。（李陵的父亲李当户在他出生数月之前离世，李陵就是所谓的遗腹子。所以从小培养、教育他的就是闻名天下的祖父李广。）名将李广多次北伐建功，皇上却受身边奸佞蒙蔽，并未封赏李广。就连李广的部下诸将都晋爵封侯，只有清廉的李广，别说是封侯了，始终没有加官晋爵，不得不甘于清贫。后来他和大将军卫青起了冲突。虽然卫青对这位老将军怜悯有加，但他部下的一个军吏却狐假虎威，羞辱李广。气愤至极的老将军自刎于当场。李陵到现在也还清楚地记得得知祖父去世当天自己放声痛哭的情形。

李陵的叔父（李广的三子）李敢的结局又是怎样的呢？李敢因父亲的惨死而对卫青心怀怨恨，他独自一人来到大将军卫青的府邸想要报仇雪恨，打伤了卫青。大将军的外甥骠骑将军霍去病得知后，在甘泉宫狩猎时将李敢射杀。武帝虽知晓事情的原委，却为了包庇骠骑将军，命令对外宣称李敢是撞到鹿角上死的。

和司马迁的情况不同，李陵在受到屈辱时显得更为简单，那就是充满了愤怒（除了后悔没能斩杀单于，然后将其首级拿回长安请功的计划早日实施之外）。他想起了刚才那个被俘汉军所说的“陛下闻听在胡地的李将军练兵以防备汉朝而勃然大怒”。李陵终于明白了。其实造成皇帝这样误解的是同样投降的汉朝将领李绪，原来作为塞外都尉镇守奚侯城，投降匈奴之后经常教授匈奴军军事战略、帮助匈奴练兵。半年前曾跟随单于和汉军对战（虽然不是公孙傲的军队）。李陵想一定是这样的，同样都是李将军，他们把自己和李绪弄混了。

当天晚上，李陵一个人来到李绪的营帐，一言不发，刺死了李绪。李绪连哼都没哼一声就毙了命。

第二天早晨，李陵来到单于的面前说明了事情的原委。单于告诉他不要担心，只是母亲大阏氏那边会有点儿麻烦。原因是单于的母亲大阏氏虽然年纪很大了，但和李绪却有着不正当的男女关系，单于对此心知肚明。根据匈奴的风俗，父亲去世之后，长子要把亡父的妻妾全部继承过来，当作自己的妻妾，只是生母不在其中。对于生母的尊敬，在极度男尊女卑的胡地也是存在的。因此，单于告诉李陵暂且先去北方躲避一下，等事态平息之后会派人去接他回来。李陵遵照单于所言，带着随从，前往西北部的兜衔山（额林达班岭）暂避风头。

不久，大阏氏病故，李陵随即被单于召回。然而，重新回到单于身边的李陵与之前竟似判若两人。因为之前的他对于匈奴与汉朝的战事绝不参与，而今竟主动要求出谋划策。单于看到这一变化喜出望外，即刻任命李陵为右校王，并将自己的一个女儿嫁给了他。单于要把女儿许配给李陵这件事以前也提过，但都被李陵拒绝了。但这次李陵毫不犹豫就同意了。此时正好有一支军队要南下劫掠酒泉、张掖一带，李陵便主动请缨随军一起行动。然而，大军此去正好经过浚稽山，李陵的心情一下子变得沉重起来。回想起那些跟随自己战死在这片土地上的部下们，行进在这片埋有他们尸骨、沾满他们鲜血的沙漠上，联想到自己目前的境遇，李陵瞬间便失去了与汉军作战的勇气。他称病一个人返回了北方。

第二年，即太始元年，且鞮侯单于去世，和李陵亲近有加的左贤王继承了单于位，称作狐鹿姑单于。虽然已经身为匈奴的右校王，但李陵的内心仍很矛盾。即使被汉朝灭族的仇恨深入骨髓，但李陵还是无法亲自率兵与汉军决战疆场，之前的例子就是明证；虽然发誓不再踏入汉地一步，但即便和新单于有不错的交情，李陵仍然对归化匈奴、安然度过一生缺乏自信。每每考虑到这些让他焦虑的事情时，李陵就会独自骑着骏马奔向旷野。在一碧如洗的秋空下，只有嗒嗒的马蹄声在回响。跨过草原，翻过丘陵……不知奔驰了几十里，当人和马都累了的时候，才在高原上找了一条小河，下到河畔让马饮水。李陵自己仰面躺在草地上，看着纯净、广阔的蓝天，不由得感慨道："我们都只不过是天地间一颗微不足道的粒子，为何要纠缠于胡汉间的恩义情仇？"休息片刻后，李陵又跨上马背，疯了一般地向旷野深处奔驰而去，直到太阳落山才返回营帐。也许只有疲劳才能让他不再焦虑。

有人告诉李陵司马迁为了帮他辩护而获罪的消息。对此,李陵既没有特别的感激司马迁,也没有觉得他可怜。他虽和司马迁互相认识也打过招呼,但并没有什么交情,李陵甚至觉得司马迁就是个喜欢与人争辩的令人生厌的家伙。再加上现在的李陵在感受他人不幸的时候,都会拼命地和自己的痛苦做比较,即使没到觉得司马迁在多管闲事的地步,事实上也并没有对他感到什么歉意。

随着时间的推移,李陵渐渐地认识到,自己原本觉得粗俗而滑稽的胡地风俗,实际上是非常符合当地的风土、气候的。因为如果不穿兽皮缝制的胡服,就无法抵御北方的严寒;如果不主食肉食的话,人体内就无法蓄积抵抗寒冷的热量;没有永久的房屋、建筑也是缘于他们的生活形态的必然选择。不能因为这些原因就不分青红皂白地贬低胡人。如果想要保持汉人的风俗的话,那么在胡地是连一天也无法生存的。

李陵还记得且鞮侯单于说过的话。单于说,“汉人言必称自己的国家为礼仪之邦,而把匈奴毁谤为无异于禽兽。那汉人所谓的礼仪到底为何物?难道不只是把丑陋的事物粉饰得很美吗?就好利、嫉妒而言,汉人和胡人究竟谁更甚呢?说到好色、贪财之事又是如何呢?除表就里而言,胡人和汉人其实并无二致。只不过汉人知道去掩饰这些,而我们胡人不知道罢了。”单于言及自汉初以来，汉室内部骨肉相残，臣子之间排挤诬陷之事层出不绝时，李陵竟也无言以对。作为一介武夫，李陵对那些烦琐的礼仪也充满了疑惑。在他看来，胡人的所谓粗野坦率要比藏在美名下的汉人的阴险狡诈好得多。李陵渐渐觉得，从根本上断定华夏的风俗是高尚的，胡地的风俗是低贱的，这其实就是汉人的偏见！

李陵的妻子是个十分老实本分的女人，在丈夫面前总是怯生生的，不怎么说话。可是他们的儿子一点儿也不害怕父亲，颤颤巍巍地在李陵的膝盖上爬来爬去。看着这个孩子，李陵不由得想起了多年前留在长安，最后和母亲、祖母一起被杀害的孩子的模样，怅然失意。

早在李陵投降匈奴的前一年，汉朝的中郎将苏武被扣留在了胡地。

苏武本来是作为和平使节被派来进行战俘交换的。但因为随行的副使介入了匈奴的内部纠纷，使节团的全体成员都被关押了起来。单于并没打算杀他们，而是以死相逼，迫使他们投降匈奴。然而，苏武不仅坚决不降，为了避免受辱，拔刀自刺。对待昏死过去的苏武，胡医的手段倒是非常奇特。据《汉书》记载，胡医在地上挖了一个坑，在坑中点上火，然后把苏武放在坑沿上，踩他的背让积血流出。多亏了这个粗鲁的治疗方式，苏武在昏死了半日之后又活了过来。且鞮侯单于因此对苏武十分钦佩。数月之后，待得苏武身体恢复，单于立刻派之前提到的近臣卫律前去劝降。卫律遭到了苏武的臭骂，觉得非常丢人，无功而返。那之后就是大家已经耳熟能详的有关苏武的各种故事，比如：苏武被囚地窖，旃毛和雪而咽的故事；苏武牧羊的故事；苏武持节不屈十九年的故事；等等，在这里我就不赘述了。总之，就在李陵无奈之下打算在胡地度过余生的时候，苏武已经在北海独自牧羊很久了。

对李陵来说，苏武是二十多年的好朋友，曾经还一起担任过侍中的官职。李陵虽然觉得苏武特别固执，但确实是个很罕见的刚毅之士。天汉元年，苏武出使不久，他的母亲就病故了。李陵还亲自送葬至杨陵。李陵在出征前还听说了苏武的妻子在得知丈夫不会回转后已经改嫁了的传言。那时，李陵对这位妻子的见异思迁感到非常生气。

然而，命运弄人，李陵无论如何也没想到自己会投降匈奴。事到如今，他也没有想要再见苏武的想法了。甚至可以说，苏武被流放到遥远的北海，不用与其见面让李陵感到了些许的轻松。尤其是自己的家人被杀，已无心归汉之后，李陵更是竭力回避与这位“持有汉节的牧羊者”见面了。

狐鹿姑单于在继承单于位的几年后，忽然想起了这位父亲最终也没能降伏的不屈的汉使。单于将确认苏武的死活、并劝其降服的事托付给了李陵，因为他听说李陵和苏武是朋友。无奈之下,李陵只好奉命向北海出发了。

沿着姑且水向北行至与郅居水的交汇处,穿过西北方的森林地带,沿着到处还残留着积雪的河岸行进了多日之后,终于在森林和原野对面看到了北海的碧水。居住在此的丁零族向导将李陵一行人带到了一处极其简陋的用圆木搭建的小木屋前。小屋里住着的人因为听到了罕见的人声,十分吃惊,手持弓箭来到屋外。李陵费了些周折才依稀分辨出了眼前这个从头到脚披着毛皮,胡须蓬乱,像熊一样的汉子就是曾经的移中厩监[①]苏子卿。而面对着眼前这个身着胡服的大官,苏武更是花了很长时间,才认出面前的人就是曾经的骑都尉李少卿。因为苏武并不知晓李陵已经投降了匈奴。

李陵的内心激动,之前不想和苏武见面的那些想法也在瞬间都抛在了脑后。两个人互相凝望着,激动得几乎什么也说不出口。

李陵的随从们在附近建起了几个毡帐,这个人迹罕至之地瞬间变得热闹起来。准备好了的酒菜立刻端进了苏武的小屋,久违了的欢笑声在夜里传得很远,甚至惊动了树林里的鸟兽。

---

①管理移中厩的官。汉宫有移园,园中马厩叫移中厩。掌管皇帝鞍马鹰犬射猎工具的官。

对李陵而言，谈及自己是如何最终投降匈奴的事的确是很痛苦的。但李陵丝毫不加辩解，将事实全都告知了苏武。苏武则是轻描淡写地讲着他这些年可以用凄惨来形容的生活。几年前，匈奴的于靬王到北海打猎时，曾偶遇苏武。他同情苏武的遭遇，在三年间一直供给苏武衣服粮食之类的应用之物。但于靬王死后，在冰冻的大地上，苏武只能捕食野鼠以抵御饥饿。他生死不明的传言，应该是他养的畜群被强盗一匹不剩地掠走这件事的讹传。李陵告诉了苏武他母亲去世的消息，至于他妻子抛家弃子改嫁的事，李陵着实是说不出口。李陵一直不解的是，这个男人到底是以什么为目标而活着呢？难道他还在期盼着能够归汉吗？从苏武的言谈判断，事到如今他好像已经全然没有了那样的想法。那么究竟是什么能让苏武一直忍受着这样惨淡的生活呢？单于确保他投降后会重用他，但李陵很清楚苏武是绝不会那样做的。李陵感到奇怪的是苏武为什么没有早早地结束自己的生命？李陵没有亲手了断自己，是因为不知不觉中自己在这片土地上扎下了根，有了不少恩爱和情义；再者说，如今即便以身赴死，也谈不上是舍生取义。但苏武的情况则不同。首先，他在这片土地上没有任何羁绊或拖累；再者，就为汉朝尽忠而言，手持节旄日复一日地在旷野上忍饥挨饿与烧掉节旄愤然自刎这两者间并没有什么区别。最初被抓时毅然拔刀自刎的苏武，现在也不可能是因为怕死才苟且偷生。李陵想起了年轻时苏武的固执，那是一种近乎滑稽的顽固。单于以荣华富贵为诱饵，想让处于极度困境中的苏武屈服。如果苏武就此降服自不必说，即便是因为不堪忍受困苦而自杀的话，那也就相当于输给了单于（或者是输给了命运）。苏武也许就是这样想的。李陵并没有觉得和命运顽强抗争的苏武有任何滑稽荒唐之处。能够坦然面对难以想象的穷困、酷寒与孤独，如果这是固执的话，那这种固执也是惊人的伟大。

李陵惊叹于苏武的坚毅。以前那种多少有点儿不成熟的逞强，现在竟变成了如此令人惊叹的毅力。并且，他没有奢望能再次回到汉朝，也没有期待着汉朝廷能够知晓自己在胡地艰苦卓绝的抗争。他甚至没想过是否有人会将他现在的处境通报给匈奴的单于。他并不在乎是否有人知道自己的所作所为。临终之日，他会回顾自己的一生，对命运付之一笑，然后满足地死去。联想到自己先前也预谋刺杀先代单于，但担心即使砍下了单于的首级，却不能安全地逃离胡地，并且担心汉朝廷也不会听说这件事，所以最终也没有付诸行动，李陵不禁羞愧难当。

随着他乡遇故知的激动慢慢消退，李陵内心里产生了一种难以名状的心结。无论说什么，李陵都会把自己和苏武相比。比如，苏武是义士而自己是卖国贼，诸如此类。李陵觉得自己的苦恼与苏武的艰辛相比根本就不值一提。并且，也许是心理作用，随着时间的推移，李陵开始感觉到苏武对自己的态度好像是富人对穷人——知道自己的优越而对对方很宽容、很有度量。衣衫褴褛的苏武眼中偶尔流露出的怜悯之色，让身穿奢华貂裘的右校王李陵觉得比什么都可怕。

在北海滞留十余日后，李陵告别了老友，悄然返回了南方。临走前，他给苏武留下了充足的粮食和衣物。

在北海的那些日子里，李陵终究没有开口说出单于要他劝降的事。苏武的回答不用问，是很明确的，李陵觉得事到如今没有必要用这个劝告羞辱苏武、羞辱自己。

回到南方之后，苏武的形象一直都浮现在他的脑海之中。与面对苏武本人时相比，分开后的苏武，其形象更加威严而高大。

李陵本身并不觉得自己投降匈奴是正确的选择。但他坚信，如果考虑到自己为国家所出之力，以及汉朝对自己的所作所为，即便是最无情的批判者都会认为自己归降匈奴是迫不得已之举。但是这儿有一个男人，无论面对怎样“不得已”的事情，他也决不允许有那种自我原谅的“不得已”的想法存在。

饥饿、寒冷、孤独所带来的痛苦，国家的冷漠，自己苦守气节也不会被任何人知道，这些基本上可以确定的事实对这个男人来说，都不会成为他“不得已”必须抛弃气节的事情。

苏武的存在对于李陵来说,既是崇高的训诫,也是焦虑的噩梦。他经常派人去问候苏武,并送去食物、牛羊、绒毡之类的生活必需品。想见苏武和想躲避苏武的情绪经常在李陵的内心里搏斗。

数年后,李陵又一次出发前往北海岸边去探望苏武。途中遇到了守卫北方的卫兵,从他们口中得知最近在边境一带,太守以下的汉朝黎民都身着白衣。民众都穿着白衣,那一定是在为天子服丧,李陵判断是武帝驾崩了。到北海后李陵将这个消息告诉了苏武。闻听此讯,苏武面朝南方号啕大哭。一连几日,苏武一直痛哭不止,甚至吐了血。面对这种情形,李陵的心情也变得郁闷起来。他当然不是怀疑苏武大哭的真挚程度,而是那样纯粹激烈的悲叹触动了他的心。但他一滴眼泪也没掉。苏武虽然不像李陵那样被灭族,但他的哥哥和弟弟都被逼自杀了。无论怎么考虑,他家都称不上是被汉朝厚待的。但即便如此,仍因武帝驾崩而号啕痛哭的苏武,让李陵第一次发现,以前认为的苏武的固执,其实充满着他对汉朝国土那难以形容的纯粹的热爱(那不是仁义、气节之类从外部强加的东西,而是滚滚涌动的最情同骨肉、最自然的热爱)。

李陵找到了自己和朋友最根本的不同,虽然不情愿,但他不得不开始怀疑自己的所作所为。他从苏武那里回到南方时，正好遇到汉朝派来的使者。使者是来说明武帝驾崩和昭帝的即位，以及想要与匈奴建立友好关系的——虽然这种友好通常维持不了一年。担任使节的人正是李陵的故人，陇西任立政等三人。

时年二月武帝驾崩，年仅八岁的太子弗陵即位。遵照遗诏，侍中奉车都尉霍光作为大司马大将军辅政。霍光原本和李陵比较亲近，左将军上官桀也和李陵是朋友，二人就商量找李陵归汉。这次的使节特意选择李陵之前的朋友就是这个缘故。

当汉朝使节在单于面前完成了程序方面的工作之后，单于便命令排开筵宴。通常这种情况都是卫律出面的，但这次由于是李陵的朋友来，所以他也被列入参加宴会之列。宴会之上，任立政看到了李陵，但在众多的匈奴首领面前，自然不能直说让其归汉。因此，只能隔着座位对李陵使眼色，并屡次用手摸自己的刀环。李陵看到了任立政，也大体猜到了对方想要表达的意思，只是不知该以什么样的动作回应。

正式的宴会结束后，只剩下李陵和卫律等人用牛酒、赌博游戏来为汉使助兴。任立政趁机对李陵说，“目下朝廷大赦，万民都享受着太平的仁政。新帝年幼，你的老友霍子孟、上官少叔在辅佐天子处理朝政”。立政由于忌惮卫律，只是提了霍光和上官杰的名字，想要使李陵动心，并未对李陵明言。李陵闻听后，只是摸着自己已经梳成了椎结的头发，凝视着立政,一直沉默不语。不久,卫律起身更衣,任立政趁机亲切地称李陵道:“少卿啊,这么多年你受苦了! 霍子孟和上官少叔让我给你带好。”接着,他打断李陵例行公事式回问那二人安好的话语,“少卿啊,什么都别说了,赶快回来吧,富贵自不待言”。因为刚从苏武那里回来,李陵对朋友发自肺腑的劝告也不是无动于衷。只是,归汉之事连想都不用想,那已是无论如何都不可能的事情了。李陵说:“我回去容易,但回去只怕只能是自取其辱,你觉得呢?”话没说完,卫律回来了,二人又闭口不语了。

宴会结束大家互相告别的时候,任立政若无其事地走到李陵身边,小声地又一次确认李陵是否有回归之意。李陵摇了摇头,有气无力地回答道:“大丈夫不能再次蒙羞。”

五年后,昭帝始元六年夏,被认为将在无人问津之地终其一生的苏武,突然可以回汉了。汉昭帝在上林苑中得到来自苏武的鸿雁传书其实只是一个传说。这个传说是为了揭穿单于说苏武已死的谎言。实际情况是,十九年前随苏武来胡地的常惠遇到了汉使,告诉了他苏武还活着的消息,并且教他用这个传说救出苏武。很快就有人来到北海,将苏武带到了单于的大帐。李陵这次是真的动摇了。不管能不能再次回汉,苏武的伟大都是无可争辩的。因此,李陵的内心受到了巨大的冲击。“天果然在看!”的想法重重地撞击着李陵,令他产生了深深的敬畏。是的，看似不刻意，但“天的确在看着”。虽然李陵并不认为自己做错了什么，但这个叫苏武的人，他所做的事情，会让他那本应该是无懈可击的过去感到羞愧，而他的事迹也将在苏武回国后被昭告于天下，这使得李陵十分受打击。现在自己这种抓心挠肝的懦弱心情难道不是羡慕吗？李陵感到十分恐慌。

分别将近，李陵为老友苏武设宴送别。有说不完的话想说，但无外乎想告诉苏武，无奈投降匈奴时，自己实则心系汉室。然而在自己壮志未酬时被灭了族，一切便都不可挽回了。一说起这些，听上去就会像是抱怨，所以李陵什么都没有说。只是在宴会高潮时，他忍不住起身歌舞了起来：

径万里兮度沙幕
为君将兮奋匈奴
路穷绝兮矢刃摧
士众灭兮名已溃
老母已死
虽欲报恩
将安归

唱着唱着，李陵声音颤抖，眼泪横流。李陵自嘲没出息，但也无可奈何。

苏武相隔十九年后回到了祖国。

司马迁在那之后仍然孜孜不倦地继续着他的著史。

已经决心远离现实世界的司马迁，只作为书中人活着。在现实生活中没有再开口的他，借着鲁仲连的舌头喷出火来，或者变成伍子胥自己挖眼，或者变成蔺相如训斥秦王，又或者变成太子丹哭送荆轲。在叙述楚国屈原的忧愤，引用了很长一段屈原要投身汨罗江时所作的《怀沙赋》的时候，司马迁甚至觉得那就是自己的作品。

起稿之后十四年，受腐刑之后八年，在巫蛊之祸和戾太子悲剧发生之时，这部父子相传的著作基本上按照最初构想的通史模样成型了。之后又经过几年的增补、修改，一百三十卷、五十二万六千五百字的鸿篇巨制《史记》完成的时候，已经是武帝驾崩前后了。

当最后写完列传太史公自序时，司马迁扶着案几怅然若失。他深深地叹息了一声，眼睛望着庭前茂盛的槐树，但其实却什么也没有看见。耳朵虽已不那么聪颖，但他还是在侧耳倾听着不知道从院子哪里传来的蝉鸣。是的，巨著完成，得遂夙愿，原本应该高兴的，但空虚和寂寞的感觉却率先袭来。

把完成的著作交给官府，并去父亲坟前报告这件事之前，司马迁还都处在一种紧张而兴奋的状态。但这些都做完之后，司马迁突然陷入了很严重的虚脱状态。就像失去了附体的巫者那样，身心都颓废了下来，刚刚六十出头的他好像一下子老了十岁。武帝的驾崩和昭帝的即位对这个太史令司马迁的躯壳来说好像都没有任何意义。之前提到的任立政去胡地劝李陵回汉的时候,司马迁就已经离开了这个世界。

与苏武分别后,关于李陵的记载除了于元平元年在胡地去世之外,没留下任何值得信任的记录。

在很早之前,与李陵关系好的狐鹿姑单于就死了,之后就到了他儿子壶衍鞮单于的时代。但伴随着这位单于的即位,发生了左贤王、右谷蠡王的内乱。阏氏和卫律反目,李陵也被迫卷入了纷争。

据《汉书·匈奴传》记载,李陵在胡地的儿子拥立乌籍都尉为单于,和呼韩邪单于对抗,最终失败。事发于宣帝五凤二年,那时李陵已经死了十八年了。书中只写着“李陵之子”,并没有记录名字。

弟子

一

鲁国卞之地的一个名仲由、字子路的游侠之徒，最近有一个新的想法，想要去羞辱一下近来被盛传为贤者的学问家，陬人孔丘。他想知道这个冒牌的贤者到底有多厉害，于是就蓬头垢面，头戴小冠，身穿短后衣，左手提着公鸡，右手拎着母猪，气势汹汹地冲着孔丘的家门而去。他一路摇着鸡晃着猪，企图借用动物嘴里发出的嗷嗷叫声，来扰乱儒家弦歌诵读的声音。

于是，这个在动物的嘶吼声中瞪着双眼一跃而入的青年，和头戴圆冠、脚纳方履，身佩玉玦凭几而坐的和颜悦色的孔子之间，开始了如下的问答。

孔子先问道:“汝,何好?”

“吾,好长剑。”青年意气风发,斩钉截铁地回答道。

孔子不由得莞尔一笑。他从青年的声音和态度中,看到了他甚是稚气的自负。在这个面色红润、浓眉大眼,精悍之气溢于言表的青年的脸上,却又不知从何处浮现出一种惹人喜爱的率真模样。

孔子复又问道:“学又如何?”

子路此来本就是为了说出这句话,因此他奋力大声回答道:“学岂有益哉?”

被人挑衅到“学”的权威性,单是微笑自然是不行的。孔子开始不厌其烦地说起了“学”的必要性。“夫人君而无谏臣则失正,士而无教友则失听。”木头难道不是因为用了墨绳才变直的吗。就如同马需要鞭、弓需要檠一样,人怎能不需要矫正其狂傲性情的教学呢。经历过了匡正,治理,打磨,这才能够真正地成为可造之材呀。

从那些流传至后世的语录的字面上看,孔子拥有着极具说服力的雄辩喉舌。无论是语言的内容,平稳的语调,抑扬顿挫的发音,还是讲述时极度自信的态度,都有一种无论如何都要说服对方的力量。从青年的态度上也可以看到,他的抗拒之色逐渐淡去,终于变成了一副谨听教诲的模样。

“可是,”——即便如此,子路也并未失去反攻的气力,

“我听说南山有竹，不揉自直，斩而用之，达于犀革。要是这样的话，对于天资聪慧者来说，难道还有学的必要吗?”

对孔子而言，没有比击破这种幼稚的比喻更简单的事情了。“给你所说的那个南山之竹插上羽毛，装上箭头，然后进行打磨的话，可就不仅仅只是穿透犀革了。”被孔子这么一说，这个可爱单纯的年轻人已是无言以对。他红着脸，在孔子的面前站了半天，好像在想什么事情。突然，他甩掉了手中的鸡和猪，低下头来认输道:“谨受教诲。”子路认输不仅仅是因为词穷。实际上，在他走进房中，见到孔子，听到孔子说第一句话的那一刻起，就感觉到了这里不是家畜该来的地方，那时他就已经被对手的强大给压倒了。

从那天起，子路就对孔子施了师徒之礼，拜入了孔子的门下。

二

孔子这样的人，子路从来未曾见过。他曾见过力举千斤巨鼎的勇士，也曾听说过明察千里之外的智——但是，孔子身上有的，绝对不是那种透着古怪的异能。他只不过是一个最完善的常规理论的集大成者。从知情知意的方方面面到操纵身体的各种能力，都呈现出一种确实平凡，但也生长旺盛的精彩。在他身上，没有一种能力显得特别的突出，因为他已经达到了一种无过无不及的均衡状态，这种丰富的才能对子路来说真正是初次所见。对于孔子这种豁达自在，毫无道学嘴脸的状态，子路感到非常的惊讶。他当下就想到这是一个历经过磨难之人。有意思的是，就连子路引以为傲的武学还有力气，甚至都是孔子要更强一些，只不过他平时从不使用罢了。我们的侠客子路被这一点惊吓到了。

孔子有一种洞察所有人内心世界的敏锐，甚至让人觉得他是否也曾经有过放荡无赖的生活经历。从他的这个方面，再想到要达到这种纯净度极高的理想主义终点的路程中所涉及内容的广泛性，子路不由得从心里发出感叹。无论是不能忍受丝毫瑕疵的伦理派，还是从世俗的含义来看，这都是一个让人放心的人。历来子路所见之人的伟大之处，都存在于他的利用价值之中，只是因为能够起到这样或那样的作用所以才觉得了不起。而孔子则全然不同。只要在这里有孔子这个人的存在就已经足够了。至少子路是这么认为的。他已经完全地倾倒了。进入门下还不到一个月，他甚至已经感觉到自己无法离开孔子这个精神支柱了。

后来，在孔子漫长而艰苦的流离生涯中，再没有像子路这样欣然跟随的人了。他并不打算作为孔子的弟子以求仕途，而且有意思的是，他甚至也并非想要留在老师身边磨炼自己的才德。仅凭着这种至死不渝、无所欲求到极致的敬爱之情，就把这个男人留在了老师的身边。就像曾经的剑不离手一样，现在的子路无论如何都无法离开孔子了。

那时孔子还不到四十岁，只比子路大九岁。但是子路从这个年龄差感受到的却是他们之间接近无限的心灵差距。而作为孔子，也对这个弟子的格外难以驯服感到非常地吃惊。如果只是好勇武厌文弱的话，这种人有很多。但是像这个弟子那样这么不把事物的形式放在眼里的人也是少见。虽说事物的最终归宿必将归于精神，但是明明所有被称之为礼的东西都必须要通过形式才能表现，可是这个叫作子路的男人，却轻易不接受这种“先从形式上进入的条理顺序”。在说到“礼云礼云，玉帛云乎哉？乐云乐云，钟鼓云乎哉？”的时候，就听得津津有味，而到了讲述礼仪细则的时候，就立刻摆出一张百无聊赖的脸。

一边跟这种对形式主义的嫌弃作战，一边还要给这个人教授礼法，对孔子来说是一件非常头疼的事情。但是，对子路来讲，让他学习礼法这件事，则比这个还要难。子路能依赖的只是孔子为人的深厚度。而子路不会想到，这个深厚度其实正是日常琐碎行为的一种积累。子路知道，有本才有末。但是对这个“本”要如何养成的实际考量却远远不够，因此他经常受到孔子的训斥。子路对孔子心服口服是一回事，但是，他是否能够立刻就接受孔子的教化，又是另外一回事了。

孔子在说到上智和下愚之人很难改变其位置的时候，并没有想到子路。虽然子路一身的缺点，但是孔子也并不认为子路是下愚之人。孔子比任何人都看重这个弟子无人可比的美德。他是一个纯粹到毫不考虑利害关系的人。这种美德在这个国家的人里面即使有，也是非常稀少的，所以，子路的这种性格，除了孔子之外没有人会认可。他看上去只会更像是一种让人无法理解的愚笨。但是，只有孔子心里最清楚，跟子路的这个珍贵的愚钝品质相比，他的勇武和他的政治才能其实都算不得什么。按照师长所授，试着控制自我，不管怎样，先付诸形式的，是子路对待其父母的态度。自从师从孔子之后，脾气暴躁的子路突然就变成了一个孝顺的孩子。这是亲戚们对他的评价。被大家夸奖，子路感觉很是怪异。别说什么孝顺父母了，他总觉得自己说的全都是假话。再怎么想，都是之前的自己才是诚实的。而现在因为自己的虚伪而开心不已的父母让子路觉得有点儿可怜。虽说不是什么心理分析家，但是作为一个极为诚实的人，这种事情也是可以感受得到的。一直到过去了很多年，有一天子路突然意识到父母已经老了，再想起自己年少时他们精神的模样，突然之间就落了泪。从那时起，子路的孝行才真正变成了无人可比的奉献行为。在那之前，他偶尔为之的孝顺也不过就是如此而已。

三

一日,子路走在街上,遇见了几个故友。虽不至于说是无赖,但也都是些无拘无束的游侠之徒。子路停下来说了几句话。在这个过程中,他们中的一个人一直盯着子路的衣服看来看去,突然说道:“哎呀!这就是所谓的儒家的衣服吗?样子也太寒酸了吧。”然后又说:“你就不想念你的长剑吗?”看子路没有搭理他,接下来他就又说了一些让人无法装作没听见的话。“怎么样,那个叫孔丘的老师不是说很能骗人吗?摆着一张一本正经的脸,把自己也不相信的事情说得都跟真的一样,一看就是一个不劳而获、坐享其成的家伙。”这个说话的人也不是有什么恶意,只是因为关系不错而无所顾忌而已,但是子路一下子就变了脸色。他猛地攥住那个人胸前的衣领,飞起右拳就使劲打在了他的脸上。子路连续打了两三拳才松开手,那个人窝窝囊囊地倒在了地上。目瞪口呆的其他几个人,都感到了子路瞪视过来的挑战般的眼神。他们从左右两边扶起被打的男子,一句话没撂下就慌慌张张地离开了。

这件事不知何时传到了孔子的耳朵里。子路被叫到了老师跟前。虽说并没有直接说到这件事,但是却从孔子那里听到了下面这些话。“古者,君子以忠为质,以仁为卫……不善，以忠化寇，暴以仁围。”所以根本无须用到武力。所谓“君子义以为上。君子有勇而无义为乱，小人用勇而无义为盗”等等。子路听得很是认真。

过了几天，子路又在大街上走，听到路旁的树荫下，闲人们正在起劲儿辩论，听上去像是有关孔子的传言。

“总是说什么从前从前的，无论什么事都抬出从前来贬低现在。反正谁也没有见过从前也没办法说什么，但是，如果将从前的道理当成标尺原封不动地照搬过来，要是这样就能够治世的话，那谁都不用费什么力气了。对我们来说，比起死去的周公，活生生的阳虎君才是了不起的人呢。”

这是一个以下犯上的时代，政治的实权由鲁侯转移到了大夫季孙氏的手里，然后到了现在又即将落入季孙氏的臣下阳虎这个野心家的手里。正在说话的这个人说不定就是阳虎那边的人。听说，就是这个阳虎，最近为了想要让孔丘为自己所用，已经跑了好几趟。没想到，孔丘竟然不断回避。“那个家伙，嘴里面说着大话，但是在真正的政治家面前还不是一点儿自信也没有。”

子路从背后分开众人，一点点地走到了辩论者的面前。大家立刻就认出来他是孔子的门徒。到刚才为止还得意扬扬高声辩论的老人一下子脸色大变，莫名其妙地在子路面前低下头来，躲到了人墙之后。也许是因为瞪着眼睛的子路实在是太可怕了。

那之后的一段时间,处处都发生着类似的事情。每当他们远远看到怒气冲冲目光如炬的子路,就会立刻噤口不谈诋毁孔子的话了。

为了这件事子路被老师训斥了好几回,但是他自己也没有什么办法。在他的心中自有他自己的想法:如果所谓的君子也能够感受到同样强烈的愤怒,而且能够压抑住的话,那可真是了不起了。但是,实际上,他们不会感受到像我这么强烈的愤怒。至少,他们只感受到了能够被压制住的愤怒。定是如此。

这样过了一年左右,孔子在苦笑的同时也不得不感慨道"自仲由入门以来,恶言绝于耳矣"。

四

一日,子路在室内鼓瑟。孔子在另一间房听到,片刻后对身边的冉有说:"你听这个瑟的声音。岂非暴戾之气由内而发溢于言表吗?故君子之音温柔居中,以养生育之气。昔者舜弹五弦之琴,造南风诗:南风之薰兮,可以解吾民之愠兮;南风之时兮,可以阜吾民之财兮。今听仲由之音,实乃杀伐激越,非南音而类北声。只能反映出鼓瑟者那懒惰放荡又残暴凶狠的心态呀。"

其后，冉有去子路处，将夫子之言转述于他。

子路一向知道自己在乐礼上没有什么才能，并将之归结于自己的耳朵和手。但是，当他听说其实是源于自己更深层次的精神状态的时候，不禁愕然，并为之恐惧。重要的并非是手头的练习，而是要进行更加深刻的思考。他把自己关在房间里，闭门静思，不饮不食，直至形销骨立。数日之后，他觉得自己思有所得，于是又再一次鼓起了瑟。这一次，他弹得极为谨慎，小心翼翼。断断续续地听到这些声音的孔子，这次倒是什么也没有说，也看不出像是责备的神色。于是子贡就跑去告诉了子路。听闻老师没有再责备自己，子路笑得很是开心。

看到自己的好兄弟开心的笑容，年轻的子贡也不禁微微笑了起来。聪明的子贡知道，子路弹奏的乐音里仍然充满了杀伐的北声。而夫子这次没有责备他，只不过是因为夫子看到苦思冥想到身形消瘦的子路，怜悯他的一片赤诚罢了。

五

在所有的弟子中，没有谁会像子路那样被孔子呵斥，也没有谁会像子路那样毫无顾忌地反问老师。比如问一些“请释古之道，而行由之意，可乎?”这种问了就一定会被训斥的问题，或是当着孔子的面直言不讳地把“有是哉，子之迂也!”说出口的人，除了子路也就没有谁了。

再没有哪个弟子会像子路这样全心全意地凭靠着孔子。他之所以会毫不客气地反问回去,是因为他的个性无法做到把事情藏于内心而不与人争论。另外,也是因为他不像别的弟子那样,小心翼翼地既不想被取笑也不想被呵斥。在其他场合,子路都是一个不屑于站在别人下风的不羁的男人,他一诺千金,快意恩仇。正因为如此,当人们看到他规规矩矩地站在孔子面前侍奉的时候,都会觉得着实怪异。事实上,在他身上,也的确有一种让人忍俊不禁的模样。只有当他站在孔子面前时,才会把所有复杂的思绪和重要的判断都托付给老师,而自己则完全处于一种放空的状态。这情形就像是待在母亲身边的孩子,即使自己能做,也让妈妈去做一样。

这样的习惯,让子路甚至到了事后想一想,都会不由得苦笑的地步。但是,即便如此,在子路的内心深处还是有一个连老师也还没有被允许碰触的地方。只有这个地方是不可以退让的,是无论如何都要坚持的。也就是说,对子路来讲,这个世界上有一件事情非常重要。在这件事情的面前,连生死大事都不足论了,更不用说什么区区利害关系之类的问题。说是侠义的话有点儿过于轻佻,说是信或是义什么的,又会觉得有点儿流于道学而欠缺自由跃动之感。反正名字什么的也无所谓,对子路来说,那就是一种近似于快慰的感觉。总而言之,能够感受到这种感觉的就是善,感受不到的话就是恶。这种感觉极为明确，不管是现在还是过去，子路从来就没有对此表示过怀疑。虽然跟孔子所倡导的仁有很大的分歧，但是子路从老师的教导之中，单单选择能够加强自己的这种单纯的伦理观念的部分进行摄取。像什么“巧言、令色、足恭，古丘明耻之……匿怨而友其人，丘耻之”（花言巧语，装出好看的脸色，摆出逢迎的姿势，低三下四地过分恭敬，把怨恨装在心里，表面上却装出友好的样子，我认为可耻），还有“无求生以害仁，有杀生以成仁”，“狂者进取，狷者有所不为也”之类的话，都属于此类。孔子一开始也想要将子路的这个牛脾气矫正过来，只是后来放弃了。总之就是这样，这就是一匹健壮结实的牛。有需要鞭子敲打的弟子，也有需要用缰绳勒住的弟子。当孔子明白子路的性格缺点实际上也是他最大的进步动力时，就意识到，只要给子路一个指示，告诉他大体的方向就可以了。比如像“敬而不中礼谓之野，勇而不中礼谓之逆”（虔敬而不合乎礼，叫作土气；勇敢而不合乎礼，叫作乖逆）、“好信不好学，其蔽也贼；好直不好学，其蔽也绞”（爱好诚信而不爱好学习，他的弊病是容易被人利用自己受害；爱好直率而不爱好学习，他的弊病是容易说话尖酸刻薄）之类的话，与其说是说给子路一个人，不如说是说给作为弟子领班的子路听的教诲。因为对子路来讲这些是能够成全其魅力的东西，但是对于其他的一众门生来说，大多数情形都会成为一种危害。

六

传闻晋国的魏榆之地有石头说话。一位贤者解释说这恐怕是借由石头之口来传达民众的抱怨之声。本就已经衰败的周王室更是分成了两派不断纷争。十几个大国之间或联盟或征战,干戈不止。齐侯与自己臣下的妻子有染,每晚都偷偷地去他们家里私会,终于有一天被那个妻子的丈夫杀死了。而在楚国,则是一位王族成员砍下了病卧中的王的头颅然后夺其位。在吴国,被砍去了双足的罪人们一起袭击了王。而在晋国,则是两个臣子互换妻子。这就是当时的社会。

鲁昭公想要驱除上卿季平子反而被驱逐出境,亡命于七国之间最终穷困而死。在亡命途中,即便归国的事情略有眉目,也都会被那些跟随鲁昭公的臣子们所阻碍,他们心里盘算着自己归国后的命运,所以拖住了昭公不让他回去。而鲁国经历了从季孙、叔孙、孟孙三分天下,到被季氏的家臣阳虎恣意操纵的过程。然而,自从谋士阳虎的策略失败导致其下台之后,突然这个国家的政治风向就发生了变化。令人想不到的是,孔子会被任命为这个国家的中都宰。因为当时既没有公正无私的官吏,也没有不以横征苛敛为事业的政治家,所以孔子公正的方针和周到的计划在短时间内创造出了令人惊异的政绩。对此深感惊叹的主君定公于是问孔子说,你不能用治理中都的方法治理鲁国吗？孔子回答说，别说只是一个小小的鲁国了，即便是治理天下又有什么不可以呢。孔子用颇为肃然的语调平心静气地说出这样的豪言壮语，定公愈发吃惊。他立刻就升孔子做了司空，继而又升任大司寇，还兼任了宰相的工作。而受孔子的举荐，子路也当上了可以说是当时鲁国的内阁书记官长的季氏的家臣。子路作为孔子的内政改革方案的执行者最先开始了行动。

孔子的政策首先就是要强化鲁侯的中央集权。为了这个目标，必须要削弱现在势力胜过鲁侯的季、叔、孟这三桓的力量。作为三桓的私城，郈、费、成三地的城墙都超过了百雉（宽三丈高一丈）。孔子决定要先毁掉这三座城，而充当执行者的就是子路。对于子路这样的人来说，能够马上看到自己努力的成果，并且是以至今为止从未经历过的大规模的形式出现在眼前，自然是一件非常令人愉快的事情。尤其是将那些阴谋者和争执中不良积习一一击破，让子路感受到了前所未有的生存价值。而看到为了实现多年来的抱负神采奕奕地忙碌奔走的孔子，也着实让人心生欢喜。在孔子看来，并非作为一名弟子，而是作为一个具有行动力的政治家的子路也是那么的值得信赖。

在攻克费城的时候，费城的人起兵反抗，一个叫作公山不狃的人率领当地人攻击了鲁国的都城。当时叛军的箭甚至已经射到了定公的脚边，幸亏有孔子适时的判断和指挥才侥幸转危为安。子路再一次被自己老师的实战能力所折服。虽然大家都知道作为政治家的孔子的手腕，也知道他本身拥有高超的本领，但是谁都没想到他会在实战中展现出如此耀眼的指挥风采。子路此时站在队伍的最前方奋起抗争。许久没有挥动的长剑是如此让他着迷——引经据典学习礼仪与狂野的现实画面相结合貌似更加适合这个男人。与对经书子集刨根问底的勤学相比，直面粗粝的现实世界并与之搏斗才真正符合这个男人的本性。

为了与齐国讲和，孔子曾随定公会齐景公于夹谷。当时孔子谴责齐国的无礼，并痛斥了以景公为首的齐国诸臣及众大夫。据说战胜国的齐国君臣们听了都害怕得浑身发抖。这是一件足以让子路连声称快的事情，而从那时起，作为强国的齐国，开始惧怕孔子，或者说是惧怕在孔子的施政下逐步富强的鲁国国力。他们最终使用了计谋。由齐国给鲁国赠送了一群擅长舞蹈的美女，想要迷乱鲁侯的心性，离间定公和孔子。这么一个幼稚的计划，竟然将鲁国国内的“反孔派”联合在一起。

计策迅速发挥了作用。鲁侯沉迷于女色，很快就不上朝了。而季桓子以下的大臣们也都纷纷效仿。子路最先对此表示愤慨并与之正面对抗，很快辞官不做。孔子则并没有像子路那样很快地就选择放弃，而是用尽自己能用到的所有的手段想要挽回局面。子路一心只想着让孔子早日放弃。并非是害怕老师会有辱臣节，而是无法眼睁睁地置师尊于这种放荡不堪的氛围之中。

当孔子最终不得不选择放弃时，子路总算放心了。就这样，他高高兴兴地跟着老师离开了鲁国。

作为一个作曲家和一个作词家，孔子回头看着渐渐远离的都城，不禁唱道：

“彼妇之口，可以出走；彼妇之谒，可以死败……”

就这样，孔子开始了他漫长的周游列国之旅。

七

有一个很大的疑问。从年少时就一直怀疑，等到快要变老仍然没有想通。这是一件从来没有人觉得奇怪的事情。是有关邪道猖獗，而正道被践踏的普遍事实。每当遇到这样的事情，子路都会不由得从心里感到悲愤。为什么会这样？人们总说，恶人只是一时猖獗，最终终会受到惩罚——的确是有这样的事例。但是，这难道不是人类终将归于灭亡的事例吗？好人最终取得了胜利，这样的例子，远古的时代怎么样不清楚，但在现今几乎连听都没有听说过。为什么？这是为什么？对于大孩子子路来讲，唯有这件事情让他怎么愤慨也愤慨不够。子路愤怒不已，捶胸顿足，到底什么是老天。老天到底在看什么。如果这样的命运是上天给予的，那自己就要反抗上天。就像上天不在人与兽之间设定差别一样，上天也不区分善与恶吗？难道所谓正邪终究只是人与人之间的取舍而已吗？每当子路带着这些问题去问孔子的时候，得到的都是同样的结果，被灌输所谓的“人类幸福的存在方式”之类的东西之后，行善得到的最终就只有自我满足吗？虽然在老师面前的时候好像感觉能够接受这种观点了，但是等到回来之后一个人再试着想一想，还是会觉得有些地方怎样都无法释然。那种勉勉强强的解释让他无法接受。在仁义之士身上时有时无的善报，无论如何都实在令人不快。

对于上天的这种不满，子路在面对自己老师的命运时最能感受得到。这样大才大德之人，为何会遭遇这样低微的待遇呢。即便是在家庭生活方面也没有得到上天的眷顾，这么大的岁数却不得不开始流浪的生活，等待老师的为什么会是这样的苦命。在某一个深夜，当子路听到孔子自言自语地说出“凤鸟不至，河不出图，吾以矣夫”的时候，不由得热泪盈眶。孔子是在感叹天下苍生，而子路为之落泪的却不是天下人，只是为了孔子一人而已。

从此子路就下了决心，一定要成为一个盾，来保护这个人，让他不受浊世的伤害。世俗上的一切烦劳侮辱就让自己一个人来承担吧。虽然有些僭越，但这是自己的使命，子路如是想。他深信，也许自己在才学方面比不上后学的诸位弟子，但是，一旦发生什么事情，自己比谁都能最快地为了夫子的性命而奋不顾身。

八

“有美玉于斯，韫椟而藏诸，求善贾而沽诸？”当子贡说出这句话时，孔子立刻回答道：“沽之哉，沽之哉！我待贾者也。”就是为了这个目的，孔子开始了他周游列国的旅程。追随他的弟子们也自然大都想要待价而沽，但是子路却未必这么想。在之前的经历中他已经体会到了身居掌权之位，断然推行自我主张的快意，但是那必须要有一个特别的条件，就是一定要孔子居于自己的上位。如果没有这个前提条件的话，还不如被褐怀玉的生活方式来得更好一些。哪怕是终其一生只做孔子的看门犬，子路也不会有半分的悔意。并不是子路没有世俗的虚荣心，而是他觉得，倘若硬是当官的话，反而会损害自己豁达磊落的本性。

追随着孔子四处周游的有各种各样的人，比如行事果断利落的实干家冉有，温和敦厚的长者闵子骞，喜好考证的典史学者子夏，略带诡辩色彩的享受主义者宰予，铁骨铮铮的慷慨之人公良儒，个子矮小、据说只有孔子个子的一半儿的正直的子羔等等。无论是从年龄上还是从威望上讲，子路都当仁不让地可以做他们的领队。

虽说比子路小了整整二十二岁，但是这个叫作子贡的青年的确是一个出色的人才。比起素来被孔子盛赞的颜回，子路更看好子贡。对于叫作颜回的青年，子路并不喜欢。这绝不是嫉妒。（据说子贡、子张之辈对于孔子对颜回的这种截然不同的灌输方法，总归会有点儿嫉妒的情绪。）首先是年龄差距太大，另外也是源于他本身就对这种事情不太在意的个性。只不过，对于颜回的这种圆滑的才能，他实在理解不了到底好在哪里。第一，不喜欢他身上总感觉欠缺活力的地方。说到这个，那个虽然略显轻率，但是总是充满了才气和活力的子贡，才更对子路的脾气——虽说跟他的聪明相比人们更多的能感受到的是他身上还不够成熟的地方，但是这只是因为他还年轻。有时子路也会因为他太过于轻率而生气，会大声地呵斥他，但是总的来说，子路对子贡还是赞许有加。

有一次，子贡对他的几个朋友说了一段话，大致的意思就是——虽然人们都说夫子不喜欢巧辩，但是我认为夫子的辩论是异常巧妙的。夫子的巧妙跟宰予之类的巧妙是完全不同的。宰予的辩论过于引人注目，虽然能让听者感到愉悦，但并不能使人赞同。夫子之辩则全然不同。也许不够流畅，但是有着让人无法怀疑的厚重感；也许不够诙谐，但寓意含蓄深刻,是任何人都无法反驳的。夫子平时所言之理,十之有九都是不存谬误的真理,夫子所行之事,十之有九分亦为模范之表率。尽管如此,剩下的那一点——夫子言语中最后的一成,有时恐怕需要辨明。或许正是因为对夫子太过亲近、太过随便,所以才容易忽略这最后的一部分。像夫子这样接近完美的人,不仅以前没有见到过,以后也不会再出现,难道不是吗?只不过我想说的是,即便是这样的夫子,也会存在微小的谬误。颜回跟夫子气质相像,你我感受到的这种不满,颜回应该一点儿也感觉不到吧?而夫子如此对颜回称赞有加,最根本的不也是因为气质相近吗?

徒弟竟敢评价自己的师尊,子路有点儿生气了,他觉得子贡狂妄自大,不知分寸。他心里也明白,子贡说这些话是出于对颜回的嫉妒,但是这些话并非全无是处。因为关于气质相符这件事,子路的确也是有所感触的。自己只能大致有所感触的东西,能够用确切的方式清楚地表达出来,这个狂妄的年轻人的确是有点儿出奇的本领。子路在心里感到不屑的同时也觉得有些佩服他。

子贡曾经问过孔子一个奇怪的问题。"死人有知无知也?"这是在问人死后有没有知觉,或是人的灵魂灭与不灭的问题。孔子回答得很巧妙:"吾欲言死者有知也,恐孝子顺孙妨生以送死也;欲言无知,恐不孝子孙弃而不葬也。"大致是因为跟自己预想的答案相差甚远,子贡甚是不服。当然,子贡这个问题的用意也很明白,作为一个现实主义者,孔子是打算让这个优秀的弟子转换一下他关心的方向吧。

子贡心里觉得不满,就说与了子路。子路对这个问题并不感兴趣,跟知道生死轮回的意义相比,他更想了解的是老师对于生死的态度。于是,有一天他又询问孔子关于死的问题。孔子回答说:“未知生,焉知死?”正是如此!子路佩服得五体投地。可是,子贡仿佛又一次明晃晃的扑空了。

您说得没错。但是,跟我所说的并不是一回事呀!从子贡的表情上可以清清楚楚地看到他的内心所想。

九

卫灵公是一个意志非常薄弱的君主。虽说还没有愚笨到分不清智者和无才之人的地步,但是他不进忠言,每日里沉溺于蜜语谗言之中。而当时左右卫国国政的则是卫国的后宫。

卫灵公的夫人南子生性轻浮,在还是宋国公主之时就与同父异母的兄长有染。等到成了卫侯的夫人之后,还把曾与其有染的那位兄长叫到卫国,任命为大夫并继续与之保持着这种关系。南子是一个颇有才能的女子,甚至插手跟政治有关的内容。卫灵公对于夫人所说的话没有不同意的。想要把话传到灵公的耳朵里,一般都要先讨南子的欢心。

孔子由鲁进卫的时候，受召觐见了卫灵公，却没有另行至夫人南子处问候。南子很不高兴，闹起了情绪，立刻派人至孔子处言道："四方之君子不辱欲与寡君为兄弟者，必见寡小君。寡小君愿见。"

孔子无法，只得觐见了夫人。南子坐于帷幕之后接见了孔子。据说孔子面北行稽首之礼，而南子则再拜还礼，当时能够听到夫人身上所佩环佩的叮当作响之声。

孔子自公宫归来之后，子路毫不掩饰他脸上的不满之意。因为他期待孔子当时能够对南子的卖弄风情置之不理。当然子路并不认为孔子会被妖妇所迷惑，但是，绝对纯净无瑕的夫子哪怕只是对着污秽的淫妇低下头这件事就已经很让人不高兴了。这就跟那种收藏美玉之人不能忍受玉石的表面映有丝毫的不洁净之物的心情是一样的吧。而孔子也看到，在子路的内心深处仍然有着一种孩童式的稚气，看到他到什么时候都不会成熟的那一面，既觉得好笑，又感到有些困扰。

一日，灵公处有一使者前来，传灵公之言，说欲与孔子同乘一车，一边周游都城，同时探讨各种话题。孔子换好衣服欣然前往。对南子来说，这么一个高高大大、不解风情的大老爷们儿，还被灵公待为贤者并对之尊敬有加，实在是一件不让人开心的事情。更不用说把自己丢在一边，他们两个人共乘一辆车去巡都，那更是让人无法忍受。

孔子见过灵公，走到外面想要乘车之际，没想到里面已经端坐了一位盛妆装扮的南子夫人。南子带着挑衅的笑容看着灵公。即便是孔子也心感不快，冷冷地看向灵公。灵公无言以对地低下头，但是对南子却什么也没有说，默不作声地为孔子又指派了一辆车。

两辆车走在卫国的都城内。前面的四轮豪华马车里，并肩和灵公坐在一起的容姿艳丽的南子夫人就如同牡丹盛放般光华照人。而后面的那一辆寒酸的双轮牛车里，脸上流露出失落表情的孔子，正襟危坐。看到这些，从沿途观看的众人之中还是传出了些许感叹与反感之声。

混迹在人群之中的子路也看到了这一幕。正是因为看到了，再想起灵公使者来传话时夫子的喜悦之情，此刻更是心如刀绞。这时，刻意娇声软语的南子正好从眼前经过。子路忍不住心头火起，握紧了拳头想要分开众人一跃而出。就在这时，从他的背后有人伸出手来拖住了他。子路想要挣脱束缚，他瞪大双眼回头一看，原来是子若与子正二人。子路看到拼命地拉住他袖子的两个人的眼里都蓄满了泪光，最终还是放下了拳头。

第二天，孔子一行就离开了卫国。“吾未见好德如好色者也”。这句话，就是当时孔子的感叹之语。

十

叶公子高很喜欢龙。在居室之中有龙的雕刻，绣帐上也描绘着龙的图形，平时就生活在龙中间。听说了这件事的龙公开心不已，有一天就来到了叶公家里，来看一看自己的仰慕者。龙公身躯极为庞大，头经由窗口探入，尾巴还拖在中堂。叶公看到此景，恐惧至极狂奔逃窜，甚至失魂落魄，六神无主，真是毫无胆色可言。

当时的诸侯只喜欢孔子的名，却并不欢迎孔子的实。就如同叶公好龙之辈。在他们看来，真实的孔子对他们来讲有点儿过于高大了。待孔子有如上宾的国家是有的。任用孔子弟子为官的国家，也是有的。但是，却没有哪一个国家愿意实施孔子的政策。在匡地差点儿受到暴民的凌辱，在宋地遭受奸臣的迫害，在蒲地又遭到了凶汉的袭击。等待着孔子的，只有诸侯的敬而远之，御用学者们的嫉妒敌视，还有一群政治家们的排斥。

尽管如此，不停止诵读不耽误切磋，孔子和他的弟子们不知疲倦地继续游说在各国之间。“鸟则择木，木岂能择鸟”，虽然他们自视奇高，但绝不是什么愤世嫉俗之辈，终归还是想要谋求为人所用。况且，他们之所以想要为人所用，也并非是为了自身的缘故，而是真的想要为了天下，为了所谓的道。他们竟然是真的这么认为，真是让人难以置信。虽贫穷却总是快乐着，虽苦难却依然不放弃希望，他们真是一群不可思议的人。

在他们接到昭王的邀请打算去楚国的时候，陈国和蔡国的大夫共同谋划，秘密召集暴徒，将孔子和他的门徒们围堵在了陈蔡之间。他们害怕孔子为楚国所用，想要阻止这件事。这并非是孔子他们第一次受到暴徒的袭击，但却是最危险的一次。他们被切断了粮食的来源，一行人无法生火做饭长达七天。陆陆续续的，大家都开始饥饿、疲劳和生病。置身于弟子们的困惑和惶恐之间的孔子，依然是面不改色，没有一点儿精神衰败的样子，跟平时一样弦歌不止。实在看不下去随从众人的疲倦之态，子路有点儿脸色难看地走到奏曲的孔子面前，开口问道："夫子之歌，礼乎？"孔子不答，继续弹奏。待到一曲终了，才对子路说："由来，吾语汝，君子好乐，为无骄也，小人好乐，为无慑也，其谁之子，不我知而从我者乎？"

子路瞬间怀疑自己的耳朵。在这样的困境之中仍然为了无骄而弦歌吗？但是，很快他就领会了孔子的真意，立刻开心了起来，并执戚起舞。孔子与之相合弹曲，至三回而后终。旁观众人也暂时忘却了饥饿，忘却了疲惫，加入到了子路的即兴舞蹈之中。

见仍然无法解除被围堵之困，子路言道："君子亦有穷乎?”子路这么问,是因为听老师平日的讲解,觉得君子是不应当有穷困之时的。孔子当时即刻回答说,所谓穷者难道不是道之穷者乎。如今,我怀抱仁义之道,却遭遇乱世之患。什么才是真正的穷呢?如果,所谓穷就是指衣食不足疲惫憔悴的话,君子固然就是穷的。但是小人如果穷的话,就会没有了规矩。只是如此不同而已。子路不禁面露愧色。自觉被指出了心里隐藏的小人之心。看着即便遇到困境依然有命,临大难而不改颜色的孔子的身姿,不由得感叹这才是真正的大勇之人。曾经自己引以为傲面对白刃而不眨眼的低层次的勇,现在想来是多么令人汗颜啊。

十一

由许地到叶地途中,子路落后于孔子一行。当他独自走在田野小路上的时候,遇见了一位身背蓧具之老者。子路微微一笑打了个招呼,然后问对方有没有见到夫子一行。老人停下脚步,很突兀地言道:“说什么夫子夫子的,我哪里会知道哪个是你所说的夫子呢?”然后盯着子路看了一会儿,又轻蔑地一笑,说道:“我看你,四体不勤,无所事事,像是一个整天只凭着空洞的道理过日子的人呀。”接下来就头也不回地走入了旁边的田地之中开始割草。子路心想这一定是一位隐者,于是就对着老人躬身作揖,站在路上等着老者接下来的话。但是老者沉默着干完手里的活，就走到路上，带着子路回到了自己的家。毕竟天已经黑下来了，老人杀鸡做饭，盛情招待子路，并且还给子路引见了自己的两个儿子。吃完饭后，喝了点儿小酒有些微醺的老人拿起身边的琴开始弹了起来。两个儿子也和着琴声唱了起来。

“湛湛露斯，匪阳不晞。厌厌夜饮，不醉无归。”

明明很是困顿的生活，家中却充满了其乐融融的富裕之情。在满是和颜悦色的父子三人的脸上，不时地会闪现出一种知性的色彩，让人很难忽视。

弹完琴后，老者面对子路言道：“陆行莫如用车，而水行莫如用舟。今以舟之推之于陆，可行乎？于如今世上欲推行周的古法，可以说正如行舟于陆上。着周公之服于猨狙之身，必惊而撕裂然后弃之……”很明显，这是明知子路是孔子的门人而说的话。老人接着又说：“乐全之谓得志。古之所谓得志者，非轩冕之谓也。”估计淡然无极正是这位老者的理想吧。对子路来说，并非第一次遇到这样的隐世哲学。他曾经见到过长沮、桀溺二人，也曾经遇到过楚国的叫作接舆的轻狂男子，但是还没有过进入他们的生活，一起共度一夜的经历。在和老者平稳的话语及怡然自得的神态进行接触的过程中，子路也未尝没有生出一种甚至有点儿艳羡的心态，觉得这也不失是一种美丽的生活方式。

但是，他也并不只是沉默着认同对方的话："绝世固然开心，但是人之所以为人并非因其所谓乐全的原因。为了区区一身之洁净而乱大伦者，非人间正道也。吾辈之人，早已明了，如今之世无法行道。也知道在现今世界说道的危险之处。但是，正是因为这是一个无道之世，即便要冒着危险也要进行说道，难道不是这样吗？"

第二天早上，子路告别老人急忙赶路。在路上把孔子和昨夜的老人放到一起比较了一下。孔子洞察世情的能力不弱于老者。孔子的欲望强于老者。这样的一个孔子，放弃修成自我的道路，而是为了道义而周游天下。想到这里，突然对那位老者生出了一种憎恶之情，而这是昨天晚上完全没有察觉到的。

第三天到了近午时分，总算远远地看到绿油油的麦田中走着一队身影。一眼认出人群中醒目的孔子的高大身影，子路突然感受到了一种揪心的痛苦。

十二

在出宋入陈的渡船上，子贡与宰予正在辩论。老师曾经说过："十室之邑，必有忠信如丘者焉，不如丘之好学也。"子贡认为尽管有这么一句话，但是孔子的伟大就是基于他非凡的先天素质。而宰予则认为，应该是后天的努力更加重要。

按照宰予的意思，孔子的能力和弟子的能力之间相差的是量，而绝不是质。孔子所拥有的是大家都拥有的东西。只是孔子通过自身的不断刻苦努力把这些东西提高到了现在的高度。但是，子贡认为，量上再大的差距最终也无法变成质上的差距。况且，难道不正是这种面向自我完善而坚持不懈刻苦努力的能力验证了他的出于先天的非凡之处吗？但是，说到孔子天分的核心内容的时候，子贡说道："这就是通向伟大的中庸之道的本能。不论何时何地，都能让夫子的行为充满魅力的中庸之道的本能。"

他到底在说些什么？子路在旁边苦着一张脸。这些没什么本事只会打嘴仗的家伙们！如果现在这艘船突然翻倒，这些家伙该是多么害怕，估计脸都要吓青了吧。无论如何，一旦发生什么事情，真正能帮到夫子的人是我。面对着这两个能言善辩的年轻人，子路想，孔子说，"巧言乱德"，而自己心中怀有的则是一片冰心。

但是，在子路心中，也并非对老师毫无怨言。

陈灵公与臣下之妻有染，并把那女子的贴身衣物戴在身上立于朝堂。在他炫耀之时，一个叫作泄冶的臣子进谏，而后被杀。有一名弟子曾经向孔子问询，泄冶正谏然后被杀，跟古时候的名臣比干的谏死并无所不同，可不可以称之为仁。孔子回答了他的这个问题——不可。比干和纣王之间有血缘关系，而且官拜少师，因此他期待的是自己舍身谏诤，以及被杀之后的纣王的悔悟，这个可以称之为仁。而泄冶对灵公来说非亲非故，品位也不过是一个上大夫。当他知道君不正则国不正时，就应当洁身而退，但他不自量力，妄图以一身之力正一国之淫乱。他是自己舍命不要，而不是什么仁义的举动。

该弟子听到这里，接受了这个说法退下了。但是站在一边的子路却无论如何也无法认同这个说法。很快，他就说出了口："先不论什么仁或不仁，但是泄冶无视自身的安危，力图改正一国的混乱之举，难道不是含有了某种了不起的意义吗？不能简单地归于空捐了一条命。"

"子路啊。我看你是只着眼于那些小义之中的亮点，而看不到比那更高的地方。古之士者，国有道则尽忠以辅之，国无道，则退身以避之。你是到现在也没搞明白这种进退的妙处呀。诗曰：民之多辟，无自立辟（民间多邪僻之事，徒劳无益枉自立法）。这句话大致说的就是泄冶这种情况吧。"

"那么，"考虑了许久的子路又接着说道，"最终这个世上最为重要的事情就在于想方设法保全自身的安全吗？难道不是在于舍生取义吗？一个人的出处进退难道比天下苍生的安危更加重要吗？这样说的话，如果刚才的泄冶对眼前的乱人伦之事感到不满，全身而退的话，的确也许可以保证他自身的安全，但对于陈国的民众来讲又算是怎么一回事呢？虽然知道无甚用处，但仍然以死相谏，从对国民的风气产生的影响来讲的话，不是有更加深远的意义吗?”

孔子说:“这不是说什么只有保全自己的生命才重要。如果是这样的话，就不会表彰比干为仁者了。只不过，即便是要为道舍弃生命，也要看舍弃的时间和舍弃的地方。为了感受到这个，用自己的智慧去考虑的并不是私利。急着找死可并不是什么能力。”

听到这些话，子路也算是觉得确是如此。但是还是有一些地方无法释然。从老师的言论之中，有时能够感受到一边说要舍身成仁，一边却总有一些把明哲保身当作最高智慧的倾向。这个想法怎么也放不下。而其他弟子们都感受不到，是因为明哲保身早已作为本能和他们紧紧连在了一起。如果不是把所有的仁所有的义都建立在这个基础之上的话，他们一定会觉得非常的危险。

当子路面带难色离去的时候，孔子看着他的背影，非常担心地说道:“邦有道如矢，邦无道如矢。那个男子也是如同卫国的史鱼之类呀。恐怕，他将来定然不会如寻常之法死去。”

楚国伐吴之时，一个叫作工尹商阳的人追逐吴师而去，同乘的王之子弃疾对他说:“这是王的事情，你可以握弓于手。”听到这句话，他才拿起了弓箭。然后又听到说“你，出箭射此人”，于是他总算射死了一个人。可是却马上又收起了弓箭。

被再次催促之后才又拿出弓箭，又射死了两个人。但是每当射向敌人之时他都掩住了自己的眼睛。射死了三个人之后，想着“按照自己现在的身份，做到这个地步应该就足够可以复命了吧”，就驱车返回了。

孔子听说了这件事，非常佩服说“在杀人之时有礼”。对子路来讲，他的感觉就是，没有比这更荒唐的事情了。尤其是“自己杀了三个人就已经足够了”这句话里，清楚地表达出了他最为厌恶的把自身的行为放到国家的兴亡之上去考虑的那种想法，所以子路非常生气。他愤然反驳孔子说：“人臣之节，当君大事，唯力所及，死而后已。夫子何善此?”即便是孔子，对此也无话可说，一边笑一边作答道“然，如汝言也，吾取其有不忍杀人之心”而已。

十三

进进出出卫国四次，留陈三年，还有曹、宋、蔡、叶、楚国等等，子路都跟随着孔子的脚步。如今也不再妄想会有诸侯将孔子的道付诸实施了，但是，不可思议的是子路并不焦急。对于世事的混沌，诸侯的无能，孔子的沉浮……前路虽然还是茫然一片，但是对于跟随孔子的自己，命运的意义好像渐渐明白过来了。完全不同于那种消极认命的心态。他开始意识到自己的使命不仅限于一个小国，也不仅限于一个时代，而是教化天下万代的木铎。这是多么积极向上的未来呀！在匡地被暴民所困之时，孔子昂然言道："天之未丧斯文也，匡人其如予何？"子路现在已经非常地理解这句话了。既然明白了老师的大智慧，无论什么时候都不绝望，绝不轻视现实，在给予的范围之内做到最好，到了现在他才开始认同孔子的各种举措。不知是否是被俗人所扰，聪明敏慧的子贡，对于这种超越时代的使命感却没有什么自觉。

可能是因为朴素直率的子路对老师极度爱戴的缘故吧，他抓住了孔子思维体系中最重要的价值。在这样的岁月中，子路也已经五十岁了。虽然不能说是磨去了棱角，但是叠加上了人性的厚重之感，也渐渐地呈现出了后世为人乐道的"万钟于我何加焉"的气骨，炯炯有神的目光，也远离了浪人的无用的自负，开始具有一种堂堂的大家风范了。

十四

孔子第四次造访卫国之时，年轻的卫侯和正卿孔叔圉恳求将子路留在这个国家任职。于是，子路跟老师告别，留在了卫国。十年来，卫国在南子夫人的乱行之下纷争不断。先有公孙戍者企图反抗南子反而遭谴，亡命鲁国。接着灵公的儿子也想要刺杀义母南子，失败而逃命晋国。在太子空位之时，灵公卒。没有别的办法，只好立了亡命太子的儿子——年幼的辙继承王位。是谓“出公”。出奔的太子借用晋国的力量偷偷潜入卫国的西部,虎视眈眈地窥探卫侯之位。在这样的环境中不断对抗未来危险的现任卫侯是儿子,想要夺位取而代之的是他的父亲。子路将要任职的卫国就处于这样的一个状况。

子路的工作是为孔家做宰治理蒲地。卫国的孔家是相当于鲁国的季孙氏的望族,一家之主的孔叔圉很久以前就作为一个名大夫有着很高的声誉。蒲地是之前受到南子的谗言迫害而亡命的公孙戍的旧领地,因此,那里的人对于驱逐了自己主人的现任政府抱有反抗的态度,再加上这里本来就是民风粗犷的地方,暴民袭击极为猖獗。

在出发去自己的任职之地之前,子路去见了孔子,并讲述了有关“封地之内多壮士,难以治理”的事情,请求孔子赐教。孔子言道,“恭而敬,可以摄勇;宽而正,可以怀强;爱而恕,可以容困;温而断,可以抑奸”。子路再拜谢过孔子,欣然赴任,到了蒲地,子路唤来了当地有势力的人和反抗分子们,跟他们进行了推心置腹的谈话。这并非是子路想要征服他们用的手段。正是因为深知孔子常说的“不教不可刑”之理,所以先要对他们说清楚自己来此的意思。子路毫不做作的直率很是投这片狂野之地的人的脾气,壮士们都纷纷对子路的明快豁达表示了推崇和敬服。更何况,这段时间子路也早已作为孔子门下最豪爽的男子而闻名天下了。甚至连孔子也说“片言可以折狱者,其由也与?”被世人所熟知。所以,子路能够收服蒲地的壮士们,或许也有孔子评价的功劳吧。

三年后,孔子偶然经过蒲地。一踏进其领地,就说道:“善哉,由也。恭敬以信矣。”要进入都城之时,孔子又言道:“善哉,由也。忠信以宽矣。”等到快要行至子路的住处时,又说道:“善哉!由也。明察以断矣。”手里拎着缰绳的子贡询问孔子,还没有见到子路如何就能够如此的盛赞于他?孔子回答他说,我们进入领地之后,发现田地规整,荒草开辟,沟壑深邃齐整。这是由于民众对治理者恭敬而且信任,才会尽力而为之的缘故。进入城郭之后,民房墙屋完整,树木繁茂。这是由于治理者忠信于人且宽以待人之故,民众自然不会忽视自己的营生。接下来我们就到院子里一看,甚是清闲,从者仆童无一人乱者。这是治理者明察善断,施政调理有序之故也。

通过这些,难道不能看到子路施政的种种吗?

十五

鲁哀公在西方大野捕获麒麟之时,子路曾暂时从卫国回到鲁。彼时正逢小邾一个叫射的大夫叛国投奔到鲁国。这个跟子路有过一面之缘的男子对人说道:“使季路要我,吾无盟矣。”作为当时的惯例,亡命于他国之人,要首先与那个国家定下盟约保证自己的生命，然后才能安居于其国。但是，这个小邾的大夫竟然说“只要子路给我这个保证的话，我就不需要鲁国的盟约”。这就说明子路拥有从不违约毁诺的盛名。但是，子路干脆地拒绝了这个请求。有人言道，不信千乘之国的盟约，而独信子路一人。所谓男儿的夙愿也不过如此。子路答复言道，若是鲁国和小邾之间有事，让我于城下赴死，必将不问缘由欣然应之。但是这个叫作射的男人是出卖自己国家的逆臣。如若我对他立下保证，那岂不是自己承认自己是卖国贼吗？这种事情，还用考虑做还是不做吗？

真正了解子路的人，在听到这句话的时候，都不由得会心一笑。因为这正是子路会做的事，也正是子路会说的话呀。

同一年，齐国的陈恒弑其君。孔子斋戒三日后，来到哀公的面前，为了大义恳请鲁哀公伐齐。一共恳请了三次。而哀公畏惧齐国的强大，不愿听从。让孔子说与季孙共同商议。季康子是断不可能赞成此事的。孔子从君王面前退下后，对旁人言道：“以吾从大夫之后，不敢不告也。”就是说孔子知道自己说了也没用，但是处在这个位置的他不说也是不行的。（当时孔子受到的是国老的待遇。）

子路听闻后脸色不佳。难道夫子所为之事，只不过是为了维护形式上的完美吗？只要形式上做到了，哪怕没有办法得到实施也完全无所谓，难道只是这种程度的义愤吗？

子路受教于孔子已是近四十年之久，然而对两人之间思考方式存在的沟壑却依然是束手无策。

十六

子路执政于鲁国之时，卫国的政界支柱孔叔圉辞世。他的妻子，也是亡命太子的姐姐，一个叫伯姬的女谋士登上了政治舞台。虽然她有一子继承了孔叔圉之位，但也只是名义上的。对伯姬而言，现任的卫侯辙是她的外甥，而窥视卫侯之位的前太子则是她的弟弟。从亲疏上讲应当不分彼此。但是因为有着复杂的爱恨利欲纠葛，所以很奇怪的，伯姬一心只为弟弟出谋划策。她指使自夫君死后就频频宠爱的一个由侍从上位的名叫浑良夫的俊美青年，经常往来于自己和弟弟蒯聩之间，私下里，企图将现任卫侯逐出其位。

待到子路再次回到卫国，卫侯父子之争更加趋于激化，到处能够感受到政变的压抑氛围。

周昭王四十年闰月十二月的某日。接近黄昏时分，有一个小吏慌张奔入子路的家中。他是从孔家老者乐宁之处而来。他带来了乐宁的传话。“今日，前太子蒯聩已潜入城内。就在刚才已经冲入孔宅，和伯姬、浑良夫一起威胁当前的家主孔悝，要他拥戴自己为卫侯。大势已去。我自己（乐宁）现在正准备侍奉现任卫侯逃奔鲁国。接下来就看你的了。”

终于到这天了，子路心想。无论如何，听到自己的直接的主人孔悝被人抓住并受到威胁，自己是无法保持沉默的。来不及插刀入鞘，子路空手持刀，就赶往了公宫。

当子路打算从外门进入的时候，碰到了一个从里面出来的小个子的男人，是子羔。他是孔门的后辈，经子路推荐在卫国当大夫，是一个正直但小气的男人。子羔告诉子路内门已经关闭了。子路说，不管怎样，先过去看看吧。子羔又接着说，现在进去已经没有什么用了，而且说不定还会被祸难波及。子路提高了声音说道，我们难道不是食孔家之禄之人吗，因何要避开祸难呢？

当子路甩开了子羔，来到内门的时候，门果然已经从里面关死了。子路大声地砸着门。里面的人高声喊道："不能进来！"听着这刺耳的声音，子路愤怒地大声叫道："听这个声音，你是公孙敢吧。我不是那种遇见祸难就逃匿变节之人。只要食君之禄，必要救君于患难之中。开门！开门！"

此时正好有官员从里面出来，趁着这个机会子路与那人擦身而过，跳了进去。

子路放眼望去，大大的庭院已经挤满了人，都是被人用孔悝之名"宣布拥立新卫侯"的名义紧急召集过来的群臣们。众人面露或惊愕或困惑的表情，看上去都不知何去何从。正对着院子的露台上，年轻的孔悝被母亲伯姬和叔父蒯聩所控制，貌似正在被强迫着要对众人宣布政变以及关于此事的说明。

子路从众人背后向着露台大声喊道："你们抓住孔悝意欲何为！放开孔悝。就算你们杀了孔悝，正义之师也是不会灭亡的！"

子路，首先想到的是救出自己的主人。当庭院里的吵闹声一瞬间停歇了下来，所有人都回头看子路时，子路又面向众人开始了煽动，"听闻太子是一个胆小鬼。只要从下面放火烧掉露台的话，他一定会感到害怕然后放开孔悝的。还不快放火？放火呀！"

已是日渐昏暗的庭院之中四处都点燃着篝火。子路用手指着篝火大声喊着："点火！点火！受过前代家主孔叔圉的恩义的人，快去取火烧了露台。然后去救孔悝。"露台上的篡权者们感到非常的恐慌，命令石乞、孟黡两名剑士去攻击子路。

子路面对两人进行了激烈的砍杀。曾经的勇者子路，也没有办法战胜年龄。子路逐渐疲劳，乱了呼吸。看到子路的脸色渐差，众人此时才终于开始旗帜鲜明。叫骂声纷纷向子路袭来，无数的石头和棍棒打在了子路的身上。敌人的战戟前端擦过子路的面颊，冠带被割断了，眼看着头冠就要落将下来。就在子路刚想用左手扶正头冠的时候，被另一个敌人的剑刺进了肩头。血喷了出来,子路倒在地上,头冠也掉落了下来。子路摔倒在地,一边仍伸手捡起头冠,扶正到头顶并很快系好了冠带。在敌人的刀刃之下,浑身浴血的子路,用尽最后的力量大声叫道:“看吧!君子,要正冠而死!”

全身被斩剁得零零碎碎,子路死了。

身在鲁国听说遥远的卫国发生政变的孔子,立刻就说道:“柴也其来乎?由也其死矣。”等到得知事情果真如他所言的时候,这个老圣人闭目伫立良久,最终潸然泪下。自从听说子路的尸体最后被腌制然后曝晒后,孔子就扔掉了家中所有用盐腌制的菜肴,而且从此以后,他再也没有吃过任何腌制的咸肉了。

光、风、梦

一

一八八四年五月的某个深夜，三十五岁的罗伯特·路易斯·史蒂文森[①]在法国南部小城耶尔的旅店里突然咯血。由于他嘴里溢满了血，面对闻声赶来的妻子无法开口说话，只好用铅笔在纸条上写道："别害怕！如果这就是死，那么也太轻松了。"

从那之后，他不得不为寻找疗养地而四处辗转。他在英国南部的疗养胜地伯恩茅斯住了三年后，听从医生的建议穿

---

①罗伯特·路易斯·史蒂文森：(Robert Louis Stevenson，1850—1894)英国作家、文学家。代表作品有长篇小说《金银岛》《化身博士》《绑架》等。

过大西洋，去了科罗拉多[①]，但他在美国却过得并不开心，于是又辗转前往南太平洋疗养。七十吨的纵帆船沿经马克萨斯群岛、土阿莫土岛、塔希提岛、夏威夷岛、吉尔伯特群岛，在历时一年半的航行之后，他于一八八九年底抵达萨摩亚的阿皮亚港。海上生活很舒适，各个岛屿的气候也无可挑剔。被史蒂文森自嘲为“仅剩下咳嗽与骨头”的身体也暂且好转，于是他想在这儿住住看，并在阿皮亚市郊外收购了大约四百英亩[②]土地。然而他并非要在这里度过余生。实际上，次年二月，他将已收购的土地开垦与房屋建筑等工作暂时委托于他人之后，便出发去了悉尼，随后准备在那里等待便船[③]回一趟英国。

但不久后，他给在英国的一位友人的信中这样写道：“……老实说，事到如今我大概只能在死的时候最后回一次英国了吧！只有在热带，我的身体才能勉强好些，甚至在亚热带的这里（新喀里多尼亚），我都会感冒，在悉尼我终究还是咯血了。现在我无法想象回到浓雾笼罩下的英国会怎样……

---

①科罗拉多：美国西部的一个州，东接堪萨斯州，南界俄克拉荷马州和新墨西哥州，西邻犹他州，北与怀俄明州和内布拉斯加州接壤。该州首府兼最大城为丹佛。

②英亩：面积单位。1 英亩约合 4047m^2，符号为 ac。

③便船：正好开航的船。

要问我会不会难过？除了因为无法见到七八个英国朋友和一两个美国朋友这件事令我很伤心之外，我更喜欢萨摩亚一些。大海、岛屿和土人①们，以及岛上的生活和气候也许真的会令我幸福吧！我并不觉得这样的漂泊是不幸的……”

这年十一月，他终于恢复健康回到了萨摩亚。土人木匠在他收购的土地上已经搭好了临时小屋，正式建筑要靠白人木匠才能完成。在房子盖好之前，史蒂文森和他的妻子芳妮就在临时小屋里生活，并亲自监督土人们开垦土地。他们的土地位于阿皮亚市以南三英里②瓦埃阿休眠火山的山腰地带，是一处海拔六百英尺③到一千三百英尺的高地，包含五条溪流、三帘瀑布以及多个峡谷峭壁。土人称这里为维利马，即“五条河流”之意。在这片拥有葱郁的热带雨林的土地上可以眺望到浩渺的南太平洋。对于史蒂文森来说，用自己的力量建造生活的每一块基石，就像小时候玩箱庭④游戏一样单纯而快乐。因为自己的生活是用自己的双手直接创造的——住在自己打好基桩的房子里，坐在自己用锯子制成的椅子上，

---

①土人：土著人。外地人对世代居住在不发达地区的当地人的称呼。

②英里：长度单位。1 英里为 1760 码，约 1609.344m，符号 mil 或 mi。

③英尺：英制中的长度单位。1 英尺为 12 英寸(30.48cm)。

④箱庭：庭院式盆景，山水盆景。在一个很浅的箱或盆中放入土沙，栽植小型的草木，放入小型的房屋、桥和人物等模型，组成微型的庭院、山水等景物的装饰艺术品。

品尝着自己开垦的土地上采摘的蔬菜和果实。这种意识唤醒了他儿时第一次将自制的手工品放在桌上仔细端详时的成就感。那些搭建小屋的原木和木板,还有每天的食物,全都来源分明——那些木头都是从自己的山上采伐后运出,又在自己眼前刨好的;那些食物的出处也都一清二楚(橘子是从哪棵树上采的,香蕉又是从哪块田里摘的……)。这些也给小时候只有妈妈做的饭才能放心食用的史蒂文森带来了些许愉悦与安全感。

他如今正体验着鲁滨孙·克鲁索[①]或者沃尔特·惠特曼[②]的生活。"热爱阳光、大地与生物,藐视财富,施舍乞丐,将白人文明视作一种偏见,和缺乏教育但充满力量的人们一起阔步向前,在明媚的微风和阳光中感受劳动后的淋漓畅快感,忘记被人嘲笑的顾虑,只说真心想说的话,只做真正想做的事。"这就是他的新生活。

---

①鲁滨孙·克鲁索(Robinson Crusoe,又译鲁滨逊·克鲁索):丹尼尔·笛福的小说《鲁滨孙漂流记》(1719年)中的叙述者和主人公。

②沃尔特·惠特曼(Walt Whitman,1810—1892):美国诗人。生于美国长岛一个海滨小村庄,五岁那年全家迁移到布鲁克林,父亲在那儿做木工,承建房屋。他当过信差,学过排字,后来当过乡村教师和编辑。这段生活经历使他广泛地接触人民,接触大自然,对后来的诗歌创作产生了极大的影响。

二

一八九〇年十二月×日

五点起床。黎明时的天空透着美丽的乳鸽色，随后逐渐变成了明亮的金色。在遥远的北部，森林与街道的另一端，海面如镜，波光粼粼。然而环礁外依旧波涛汹涌、白沫四溅。侧耳倾听，涛声滚滚而来。

六点前早餐。一个橘子、两个鸡蛋。我边吃边漫不经心地望着阳台下面，发现阳台正下方的玉米地里有两三棵玉米在异常摇摆，正诧异时，一棵玉米倒了，嗖的一下就消失在了浓密的叶丛里。我马上出了屋子跑进田里，看到两头小猪慌慌张张地逃走了。

对猪的恶作剧真是束手无策。这儿的猪与已经被驯化了的欧罗巴[①]的猪完全不同，它们充满了野性和活力，不仅生猛，或许也可形容为美丽。我以前一直以为猪不会游泳，但为什么南太平洋的猪都水性了得？我曾确实见过一头大黑母猪游了五百码[②]。它们很伶俐，精通把椰子的果实在向阳处晒

①欧罗巴：拉丁语 Europa 的音译，主要是指地缘学上的欧洲地区，该词据说最初来自闪语的“伊利布”一字，意思是“日落的地方”或“西方的土地”。一说由希腊神话人物欧罗巴得名。

②码：长度单位。1 码为 3 英尺，91.44cm，符号为 yd。

干后再打开的方法。芳妮最近似乎每天都在为提防野猪忙得不可开交。

六点到九点工作。我写完前天开始的《南洋来信》的一章后就去割草。年轻的土人们分成四组开始做起了农活、开辟道路等等。空气里回响着斧头的声音，弥漫着香烟的味道。亨利·西梅内的监督使劳动似乎进行得非常顺利，亨利是萨瓦伊岛[①]酋长的儿子，也是欧罗巴的优秀青年。

寻找并清除篱笆里簇生的咬咬草（又名绊绊草），因为这种草是我们最大的敌人。它的敏感程度令人吃惊，它有着狡猾的知觉——随风摇曳时碰到其他草并无异样，但只要有人轻轻触一下，它便会立刻闭上叶子。这是一种收紧后如同黄鼠狼般咬住不放的植物，如同牡蛎吸附岩石那样把根执拗地盘绕在土里和其他植物的根上。清理完咬咬草之后，接着是野生酸橙树，而我的双手被尖刺和有弹力的吸盘弄伤多处。

十点半，从阳台处传来了螺号声。午餐是冷肉、木樨果、饼干和红葡萄酒。

饭罢，我本想写诗，却无法进入状态，便吹了会儿银笛，到一点时又来到外面，准备开拓通向瓦伊特林卡河岸的道路。于是我手持斧头独自走入密林，头顶上是重叠交错的大树，阳

---

①萨瓦伊岛：太平洋中南部萨摩亚最西端和最大的岛屿。

光透过树叶的间隙,在地面上投下斑斑驳驳的影子,如同印上了银色斑点般美丽的图案。地上随处倾倒的大树拦住了去路,上攀、下垂、缠绕、成环的蔓草泛滥成灾。呈囊瓣状盛开的兰花,伸着有毒触手的蕨类,巨大的白星海芋。多汁小树的枝丫用斧子一挥,便啪的一声清脆地断裂,而坚韧的老树枝却难以砍断。

此时此刻万籁俱寂,除了我挥斧头的声音什么也听不到。这片繁茂的翠绿世界,多孤寂啊!白昼的悄无声息,多恐怖啊!

突然远处传来某种低沉的声音,紧接着听到短促而尖锐的笑声。我感觉后背一阵发凉,刚才那声音是从哪里传来的回声吗?那笑声是鸟叫吗?这里的鸟叫声像极了人声,日落时的瓦埃阿山充满了如同小孩叫声般尖锐的鸟鸣声,但刚才的声音又和那些不太像,我最终也没能分辨出声音的真正来源。

回家途中,我突然构思了一篇文章,是以这片密林为舞台的情景剧。这个思绪(以及其中一个情景)如同弹头般贯穿了我。不知能否写好,但我决定把这个思绪暂时放到脑海一角先暖暖,就像母鸡孵蛋时那样。

五点钟晚餐。有清炖牛肉、烤香蕉、盛放于菠萝里的波尔多红葡萄酒。

饭后与其说是教亨利英语，不如说是和萨摩亚语的相互切磋。亨利怎么能日日忍受这无聊黄昏中的授课，我觉得很不可思议。（今天是英语，明天是初等数学。）即使在乐于享受的波利尼西亚人[①]中，他们萨摩亚人也是非常活跃的。他们不喜欢自我强迫，喜欢的是歌曲、舞蹈和漂亮衣服（他们是南海的时尚达人）、沐浴、卡瓦酒[②]，以及谈笑、演说和马兰加。年轻人成群结队挨村挨户连续数日四处游玩，被拜访的村庄都会用卡瓦酒和舞蹈热情款待。萨摩亚人天性中无止境的活力也表现在他们的语言中没有“借钱”或“借”这个词，最近他们用的这个词是从塔希提[③]学来的。萨摩亚人先前本不做像“借”这种麻烦事，都是直接“要”的，因此语言里也便没有“借”这样的词。像“要”“乞讨”“勒索”这类词很多。根据要到的东西种类，例如要区分鱼、芋头、乌龟、草席等，“要”里面能分出好几种说法。另外还有个有趣的事例：当土著囚犯们被迫穿着怪异的囚服进行道路施工时，他们的族人会身着节日盛装、携带饭菜前去游玩，在施工一半的路中央大摆筵席，

①波利尼西亚人：大洋洲东部波利尼西亚群岛的民族集团。原崇拜多神，迷信巫术，现多改信基督教和天主教。

②卡瓦酒：其本身并不含任何酒精，是用产于南太平洋群岛（斐济、瓦努阿图等地）的一种卡瓦胡椒，取根部磨碎成粉用水调制而成的。

③塔希提：也译为塔西提岛，又称为大溪地，是法属波利尼西亚向风群岛的最大岛屿，位于南太平洋。

囚犯们和族人们一起又喝又唱地悠闲度过整日。这是多么滑稽的活力！但我们的亨利·西梅莱和这些族人不同。在这些青年中，他追求组织性，并非随意而为，但这种性格的人在波利尼西亚人中则属异类。与他相比，厨师保罗虽为白人，但在智慧上却天差地别。负责饲养家畜的拉法埃莱是典型的萨摩亚人，身高约一米九三，萨摩亚人原本体格健壮，但拉法埃莱只是四肢发达头脑简单的憨厚人物。而这么一个像赫拉克勒斯[①]或阿基里斯[②]那样的巨汉却用娇滴滴的口吻喊我“爸爸、爸爸”，真让人受不了。他非常害怕幽灵，晚上从来不敢只身一人去香蕉地。（一般波利尼西亚人说“他是人”时，意思是“他不是幽灵，而是活生生的人”。）两三天前，拉法埃莱讲了一件有趣的事情，说的是他一个朋友看见了已故父亲的幽灵。傍晚，那个男人正站在已故大约二十多天的父亲坟前，忽然发现一只雪白的仙鹤不知何时站立在珊瑚屑堆成的坟头上，他想这一定就是父亲的幽灵，凑上前去看时，仙鹤的数目渐渐多了起来，中间还夹杂着黑鹤。不一会儿仙鹤不见了，一只白猫蹲在坟头上，紧接着，灰猫、花猫、黑猫等所有毛色的猫都如同

---

①赫拉克勒斯：古希腊罗马神话中的大力神，是主神宙斯与阿尔克墨涅之子，死后成为大力神，他惩恶扬善，敢于斗争。

②阿基里斯：是荷马史诗《伊利亚特》中参加特洛伊战争的一个半神英雄，希腊联军第一勇士。

幻影般悄悄聚拢在白猫周围。慢慢地，它们也融进了周围的暮色里，但那个男人始终坚信自己看见了变为仙鹤的父亲……

十二月××日

上午，我借来三棱镜罗盘仪便开始工作了。这个仪器自一八七一年后我就不曾碰过了，也不曾想起过。总之，先画了五个三角形，这使我重新燃起了爱丁堡大学工科毕业生的自豪感，然而我曾是一个多么懒惰的学生啊！我突然想起了布拉奇依教授和泰德教授。

下午又和植物们裸露的生命力做无言斗争。像这样挥着斧头和镰刀的工作能挣六便士，我觉得很满足。虽然在家趴在桌子上也能挣二十英镑，但我心里为自我的懒惰和浪费的时间表示哀悼。这到底是怎么一回事呢？

工作时突然想到"我幸福吗？"但幸福这东西很难捉摸，它存在于意识之前。然而说起快乐，我知道有无数种快乐(虽然每一种快乐也许并不完整)。其中，我认为"独自一人在寂静的热带雨林中挥斧"的伐木工作是最快乐的。诚然，这项"如美歌、似激情"的工作令我陶醉。我喜欢现在的生活，不想和其他任何环境交换。虽然坦率而言，某种强烈的厌恶感让我不停地发抖，这或许是接触了与身体不适应的环境而产生的过敏反应吧！这种粗暴残酷感刺激着我的神经，时时刻刻压迫着我的心。蠕动的、缠绕的东西引起的作呕感，四周的空寂和神秘以及迷信般的恐怖感，我自身的荒废感，不断杀戮的残酷感。通过我的指尖能感知到植物们的生命，它们如同哀求那样的挣扎让我震惊，我觉得自己身上沾满鲜血。

芳妮的中耳炎似乎还在疼。

木匠的马踩碎了十四个鸡蛋。听说昨晚我们的马脱缰跑了，在附近（说起来也挺远的）农田里拱出来一个大洞。

虽然我身体感觉好转了些，但体力似乎透支了。晚上躺在床上的蚊帐里，感觉后背发疼，犹如牙痛般剧烈。闭上眼睛，最近每晚都会清楚地看见杂草中的每一棵草，它们生机勃勃、富有活力。也就是说，在我筋疲力尽地躺在床上的几个小时里，还会在精神上重复白天的劳动。即使在梦中，我也继续撕扯着顽固的植物藤蔓，被荨麻的荆棘所困扰，被柠檬的尖刺刺伤，被蜜蜂像火燎般蜇痛。脚底黏糊糊的黏土，无法拔出的树根，可怕的炎热，突然吹过的微风，附近森林中传来的鸟声，谁在捉弄般喊我名字的声音，笑声，发信号的口哨声……白天的生活在梦里差不多又重新过了一遍。

十二月××日

昨晚有三头小猪被偷了。

今早，因为巨汉拉法埃莱胆怯地出现在我们面前，所以质问了他有关小猪被偷的事，并且在话里设了陷阱，那都是些骗孩子的把戏。这些都是芳妮安排的,我并不太喜欢这种事。芳妮首先让拉法埃莱坐下,自己站在他对面稍远的地方,伸出双手用两只食指对准他的双眼慢慢靠近,拉法埃莱面对这来势汹汹的样子,一脸害怕,等芳妮手指靠近时他早就闭上了眼睛。此时,芳妮张开左手的食指和大拇指触碰到他双眼,右手绕到他身后,轻轻地敲了下他的头和后背,拉法埃莱还一直以为触碰自己双眼的是芳妮的左右食指呢!芳妮将右手恢复成原先的姿势,并让拉法埃莱张开眼。拉法埃莱表情怪异,立刻问刚才敲自己后脑勺的是什么。"那是跟着我的怪物。"芳妮说,"我把它叫醒了,现在已经没事了,怪物会抓住偷猪人的。"

三十分钟后,拉法埃莱因为担心又来找我们,只是来确认刚才怪物的话是否属实。

"当然是真的啦!偷猪的人今晚睡觉时,怪物也会跟他睡的,然后那个人就会得病。这是偷猪的代价啊!"

作为幽灵信徒的巨汉脸色更加不安了。我觉得他不是犯人,但他肯定知道犯人是谁。或许今晚他就会被邀请享用那些小猪的餐宴,但是对拉法埃莱来说,那将不是一顿愉快的晚餐。

前段时间我在森林里构思的那个故事似乎已在脑海中发酵了不少,题目就命名为《乌鲁法努阿的高原森林》吧!乌鲁是森林，法努阿是土地，我准备用优美的萨摩亚语作为作品中岛屿的名字。虽然我还未曾动笔，但是作品中的各种场面像拉洋片[①]里的图片那样陆续不断地浮现，让人应接不暇。也许会成为非常优美的叙事诗，但也有可能沦为无聊甜腻的爱情剧。我胸口好像孕育着电火花般，正在进行的《南洋来信》这类游记似乎也不能安心地写下去了。虽然我在写随笔和诗（不过我的诗都是为休闲而作的打油诗，不能算数）时，从不会被这种兴奋感所干扰。

傍晚，壮丽的晚霞爬上了大树枝梢与群山背后，不久一轮满月从低地和海那边升起时，这儿少见的严寒便开始了。众人夜不能寐，皆起身寻找棉被。现在几点了？——外面犹如白昼般明亮，月亮正挂在瓦埃阿山的山巅上，刚好是正西方向。鸟儿们鸦雀无声，屋后的森林也似乎被这严寒给冻疼了。

气温一定降到了六十摄氏度以下。

三

一八九一年一月，洛伊德收拾好一切居家用品，从伯恩茅斯的斯克里沃阿山庄那边赶来了。他是芳妮的儿子，如今已

①拉洋片：一种把故事情节等绘成多幅画面装入相框，依次让人观看，同时念对白解说的曲艺形式。

经二十五岁了。

十五年前史蒂文森在枫丹白露森林初遇芳妮时，她已经是一位拥有一双儿女的母亲了。女儿叫伊莎贝尔，近二十岁。儿子叫洛伊德，九岁。虽然芳妮当时在户籍上还是美国人奥斯本的妻子，但她很早就离开丈夫远渡欧洲，做杂志记者的同时，带着两个孩子谋求生计。

三年后，史蒂文森渡过了大西洋，追随当时已回到加利福尼亚的芳妮。他几乎与父亲断绝了父子关系，对朋友们诚恳的劝告（他们都担心史蒂文森的身体）也置之不理，他是在最差的健康状况下、在比之更糟的经济状况下出发的。最终抵达加州时，他已到了濒死边缘。但是，他总算努力地活了下来，等到第二年芳妮和前夫离婚后，他们两人便结了婚。比史蒂文森年长十一岁的芳妮这一年四十二岁，前年女儿伊莎贝尔结婚并生下一个男孩，因此她已经是一位祖母了。

如此一来，饱尝世道辛酸的中年美国妇女与从小备受呵护、任性却很有天分的年轻的苏格兰人便开始了婚姻生活。但因丈夫体弱多病、妻子年纪大的缘故，不久便两人变成了与其说是夫妇，倒不如说更像艺术家与其经纪人的关系。芳妮拥有史蒂文森所欠缺的注重实际的才能，作为他的经纪人的确是优秀的，但有时也会因太过优秀而让人不满，尤其是在她僭越经纪人的本分想进入批评家的领域时。

事实上,史蒂文森的原稿都必须经由芳妮审阅。把他花三个通宵完成的《贾基尔博士和海德先生》初稿丢进火炉的,是芳妮;没收婚前的情诗坚决不让其出版的,也是她;在伯恩茅斯的时候,说是为了丈夫的身体,坚决不让所有老朋友进入病房的,还是她。这件事令史蒂文森的朋友们非常不悦。性情直爽的 W. E. 亨雷(把加里波第[①]将军写成一位诗人的就是他)第一个表示愤慨:"为什么那个皮肤发黑、长着老鹰眼的美国女人非要多管闲事呢? 因为她的存在史蒂文森就像变了个人。"虽然这位豪爽的红胡子诗人也在自己作品里足够冷静地观察友情是如何因家庭和妻子而变化的,但他无法容忍眼前最有魅力的朋友被一个妇人夺走。就连史蒂文森本人对芳妮的才能也有几分失算的地方。他把稍微聪明的女性都本能地具有的对男性心理的敏锐洞察力以及芳妮作为新闻记者特有的才能都高估成了艺术评论能力。后来他也意识到这种失算,不得不屈服于妻子时而令人难以信服的评论(程度厉害点,不如说是干涉)。"妻子,像钢铁一样认真,像刀刃一般刚强。"在某首打油诗中他已向芳妮缴械投降了。

洛伊德与继父史蒂文森一起生活期间,不知何时自己也

①加里波第:朱塞佩·加里波第(1807—1882),意大利爱国志士及军人。他献身于意大利统一运动,是意大利建国三杰之一。由于在南美洲及欧洲对军事冒险的贡献,他也赢得了"两个世界的英雄"的美称。

会写小说了。似乎这个青年和母亲一样也颇有几分记者的才能。儿子写出来的东西,父亲再添上几笔,最后再由母亲评论——一个奇妙的作品就诞生了。父子俩以前就合作过一部作品,这次在瓦伊利马一起生活之后,他们计划再合作一部名为《退潮》的新作品。

到了四月,房子终于竣工了,周围被草坪和木槿花环绕着,暗绿色木制两层结构的红色屋顶让土人们大开眼界。史蒂古隆先生或斯特雷文先生(很少有土人能正确发出他名字的读音),抑或茨西塔拉(土语指"讲故事的人")是富翁,是大酋长[①],他们似乎都已经毫无疑问了。有关他豪宅的传闻不久随风远扬,最远一直流传到了斐济[②]、汤加[③]等岛屿。

不久,史蒂文森的老母亲从苏格兰来到这儿与他们一起生活。同时,洛伊德的姐姐伊莎贝尔·斯特朗夫人也带着长子奥斯汀来瓦伊利马会合了。

史蒂文森的健康状况出奇地好,连砍树、骑马似乎都不怎么累。他把写作每天规定在五个小时左右,因为他建筑费用花了三千英镑,即使厌烦也不得不伏案疾书。

---

①大酋长:特指原始部落的头领。

②斐济:位于南太平洋,瓦努阿图以东、汤加以西、图瓦卢以南。

③汤加:又译东加,全名汤加王国。是一个位于太平洋西南部赤道附近、国际日期变更线的西侧,世界上最先开始新一天的国家。

四

一八九一年五月×日

在自己的领地内(及周边)探险。我前几天已去过了瓦伊特林卡流域,今天开始探索瓦埃阿河的上游。

我在丛林里大致辨清方位后向东行进,好不容易才找到河边。起初河床是干涸的。虽然我把“杰克”(马)带来了,但河床上矮木丛生,马无法通过,只得把它拴在丛林里的一棵树上。沿着干涸的河道往上走,峡谷越来越窄,四处有很多洞穴,不用弯腰就能轻而易举地从倾倒的大树下穿过去。

河道向北蜿蜒,水流声潺潺入耳。不久水流碰到了耸立的岩壁,水在岩壁如帘般浅流而下,接着潜入地下消失不见。岩壁看起来不太可能登上去,我攀着树爬上了旁边的河堤。青草散发着热气,闷乎乎的。含羞草的花、凤尾草的触角,使我的脉搏加快。忽然间似乎听到水车的旋转声,像是一架巨大的水车在脚边咯吱作响,也像极了远处雷鸣传来的声响。声音响了两三次,每次响起时,感觉整座寂静的山都在跟着摇晃,原来是地震了。

沿着水路继续往前走,这里水源密集,水凉蚀骨,清澈见底。四周都是夹竹桃、柠檬树、露兜树和橘子树,在这些树木搭成的圆屋顶下稍走片刻,水又消失了,它们应该是潜入地下熔岩洞穴的长廊里去了。我在长廊上漫步，不论走多久，似乎都无法从被树木掩盖的井底爬出来。走了很长一段路后，丛林渐疏，天空在树叶间依稀可见。

突然我听到了牛的哞哞声。我断定那是我的牛，但它似乎并不认识我，所以情况非常危急。我停下脚步，一边观察它的表情，一边巧妙地让了过去。又走了一会儿，眼前熔岩悬崖叠嶂，瀑布清浅美丽，一泻而下。下方水潭里，许多指头般大的小鱼惬意地游着，似乎还有些小龙虾。巨树的洞穴腐朽倾塌后，一半浸泡在水中，溪滩的一块岩石通身红透，像极了红宝石，让人感到不可思议。

不久河床干涸，我终于登上瓦埃阿山陡峭的一面。靠近山顶高地时，河床已消失不见。彷徨片刻，在高地即将坠入东侧大峡谷边缘时，一棵巨榕映入眼帘。它大概有二百英尺高，巨大的枝干与不计其数的随从（气根[①]）犹如扛起地球的阿特拉斯[②]一样支撑着像怪鸟翅膀般张开的无数巨枝。凤尾草和兰花在树枝组成的山顶各自像另一片森林般成簇茂密，树枝

①气根：暴露于空气中的根。尤指一种生长在附生植物和与土壤不接触的攀缘植物上的根，通常有将植物固定于支持物上并常常有光合作用的功能。

②阿特拉斯：或译亚特拉斯，伊阿珀托斯之子，希腊神话中泰坦神之一，希腊神话里的擎天神，属于提坦神族。因反抗宙斯失败，被宙斯降罪来用双肩支撑苍天。

相互交错成一个巨大的圆顶，它们层层叠起，向西方明亮的天空（已近黄昏）高高地伸出手臂，从距东方数英里的山谷到田野之间投下蜿蜒舒展的巨大影子。这是多么壮丽的景观啊！

已经很晚了，我慌忙返回。回到拴马处一看，“杰克”已陷入了半疯癫状态。可能是它独自被扔在森林里大半天而感到孤单害怕。土人们都说在瓦埃阿山有个名叫阿伊特·法菲内的女妖出没，“杰克”或许看到她了。好几次我都快被“杰克”踢到了，最后好不容易才把它哄得安静下来，带回了家。

五月××日

下午，我伴着贝尔（伊莎贝尔）的钢琴声吹了会儿银笛，牧师克拉克斯通前来拜访。他向我提议想把《瓶中的妖怪》翻译成萨摩亚语，并登载在《欧·雷·萨尔·萨摩亚》杂志上，我欣然应允。在我的短篇作品里，我最喜欢的就是很久前写的《任性的珍妮特》和《瓶中的妖怪》这则寓言故事。因为这是以南洋为背景的故事，或许土人们也会喜欢，如此一来，我便成了他们的茨西塔拉（讲故事的人）。

夜里，躺下后传来了雨声，伴随着远处海上微弱的闪电。

五月××日

我下山进城，几乎整日都忙于外汇的事，因为银价的涨跌在这儿相当麻烦。

下午，船长哈米尔顿去世了。他曾娶土著女人为妻，岛民们亲切地称呼他萨梅素尼。停在港内的船只为他降半旗致哀。

晚上,我徒步去了美国领事馆。月圆夜静,拐过马塔托街角时,前方传来了赞美诗的合诵声。许多(土著)女人在死者家的阳台上歌唱着,寡妇梅阿里(她依然是萨摩亚人)坐在门口的椅子上。由于她和我关系颇好,便请我坐到她旁边,于是我看见了已故船长,他躺在屋内桌子上,遗体被床单包裹着。赞美诗完毕,土人牧师站起来开始讲话,那些话冗长枯燥。明灯[①]的光从门窗洒向室外。许多棕色皮肤的少女坐在我身旁,闷热至极。牧师的演讲结束后,梅阿里便把我领进屋。眼前这位已故船长两手交叉放于胸前,脸色安详,好像将要开口说着什么一样,我从没见过如此栩栩如生、精美的蜡制人像。

行完礼我去了外边。月色明亮,不知从哪里飘来橘子的香味儿。世间的战斗已经结束,在这美丽的热带之夜,一种对在少女歌声中静静入眠的已故船长的羡慕之情油然而生。

五月××日

《南洋来信》让编辑和读者感到不满的理由,听说是"南洋研究的资料搜集或科学性的观察应该有他人为之。读者对R. L. S. 先生的一点期待显然是南海猎奇冒险记要用华丽辞

①明灯:供奉于神像、佛像前的灯。

藻来叙述”。没有开玩笑！我在写那份稿子时，脑海里浮现的范本是十八世纪风格的游记，抑制作者的主观情绪，始终就事而论的观察——我就是用的这种方法。难道说《宝岛》的作者永远只要写海盗和被掩埋的宝藏就可以了？没资格考察南洋的殖民状况、原住居民的人口减少现象或传教的现状吗？芳妮和美国编辑意见相同，说什么“比起精确的观察，不如用华丽的辞藻写点儿有趣的故事……”这让我无法忍受。

近期我渐渐讨厌起自己曾经那种极致的色彩描写了，因此最近我的文体打算以两点为目标：一、杜绝无用的形容词。二、向视觉性描写宣战。不论是《纽约太阳报》[1]的编辑，还是芳妮或洛伊德，似乎都还没意识到这一点。

《触礁船打捞工人》进展顺利，除洛伊德外，伊莎贝尔这位更认真的笔述者的加入，对我帮助很大。

我向看管家畜的拉法埃莱询问目前的牲畜数量，他说有三头奶牛，一对公母牛崽，八匹马（此处就算不问我也知晓），三十多头猪，鸭子由于到处都有只能说是无数，另外还有不计其数的野猫在狂妄专横。野猫也算家畜吗？

---

①《纽约太阳报》：1833 年 9 月 3 日由美国人本杰明·H. 戴创办，是美国第一份成功的按商业原则创办的商业报纸，也是第一份报价便宜的“便士报”。旨在抓住下层民众的兴趣，刊登的主要是自杀、犯罪、审判、失火等社会新闻。因严重亏损于 2008 年 9 月 30 日停刊。

五月××日

听说城里来了环岛演出的马戏团，我们全家一起去看。在正中午的大帐篷下，伴着土人男女老少的嘈杂声，我们一边吹着微温的风，一边观赏着杂技。这里是我们唯一的剧场。“普洛斯彼罗”是踩球的黑熊，“米兰达”一边在马背上欢舞一边穿越火圈。

傍晚回家，我总觉得心里不快。

六月××日

昨晚八点半左右，我和洛伊德正在房间时，米塔伊埃雷（十一二岁的少年仆人）跑来说和他一起住的帕塔利瑟（他是十五六岁的少年，最近刚从室外劳动安排进室内服务。由于他是瓦利斯岛人，所以对英语一窍不通，萨摩亚语也只会五个单词）突然说起胡话来，感觉很吓人。别人无论说什么他都不听，口里只说着“我现在要去见我森林里的家人”。

“那孩子的家是在森林里吗？”我问。“怎么会呢？”米塔伊埃雷回答。我立刻和洛伊德去了他们卧室。帕塔利瑟看起来就像睡着了一样，但嘴里依然说着什么梦话，时而发出像是受到惊吓的老鼠的叫声。我摸了摸他的身体，特别凉，脉搏也不算快，呼吸时肚子起伏很大。突然，他站了起来，低着头，用一种像是要往前摔倒般的姿势朝门口走去（但是动作并不快，好像发条松掉的机械玩具般，有种奇妙的迟钝感）。我和洛伊德把他抓住哄他入睡，不久他似乎开始试图挣脱。这次力量很大，我们只得把他（用床单或绳子）绑在床上。被绑住的帕塔利瑟嘴里时而不停地嘟囔着什么，时而像发怒的小孩一样哭泣。他的话里除了反复出现“法阿奠雷莫雷（请）”之外，似乎还有“我家人在喊我”之类的信息。这时，少年阿利库、拉法埃莱和萨瓦纳他们也来了。因为萨瓦纳和帕塔利瑟出生在同一个岛上，可以和他自由交流，所以我们把帕塔利瑟委托给他们照顾后就回了房间。

我突然听到阿利库在喊我，急忙跑去才发现帕塔利瑟已完全挣脱了捆绑，被巨汉拉法埃莱给抓住了。他拼命抵抗，需要五个人才能抓住他，但是疯子力量惊人，我和洛伊德各骑住他一只脚，结果两人都被踢出去两英尺多高。直到凌晨一点左右，我们终于摁住了他，把他的手腕和脚腕都绑在铁床腿上。虽然这样让人心里不舒服，但也是无奈之举。此后他似乎发作得更厉害了，虽说如此，这简直是赖德·哈格德[1]的世界。（说起哈格德，他的弟弟是土地管理委员，现住在阿皮亚

①赖德·哈格德：全名为亨利·赖德·哈格德（1856—1925），生于英国诺福克郡，十九岁时到南非总督纳塔尔手下做事，在南非的经历为哈格德以后的写作提供了大量的素材。他以离奇的想象、丰富的阅历和对感觉的准确的把握，进一步发展了由笛福、司格特以及费尼莫尔·库珀开创的探险故事这一文学形式。

城)。

拉法埃莱说了句“疯子的状况非常糟糕,我回家去取一些家传秘方来”,于是便出了门。不久,他拿来几片我们从没见过的树叶,在嘴里嚼碎后贴在疯狂少年的眼睛上,往耳朵里滴了些树叶的汁(哈姆雷特[①]的场面?),鼻孔里也塞了些。两点左右,疯子陷入熟睡,一直到早上似乎都没再发作。今天早上我向拉法埃莱打听情况,他说:“那是一种能毒死人且很容易制造的剧毒。我昨晚还担心药剂用得过量了。除我以外,在这个岛上还有一人知道它的用法。那是个女人,曾为了达到不良企图而使用过它。”

一大早,我们请来港口军舰上的医生给帕塔利瑟做检查,听说并无异状。少年不顾劝阻,坚持说他今天一定得工作,并在早饭期间来到众人面前,大概是对昨晚的突发事件表示歉意的缘故,他吻了家里每一个人。这个疯狂的吻使大家都很为难。然而,土人们都相信帕塔利瑟所说的那些梦话。他们说帕塔利瑟家死去的亲人们从森林来到卧室,吵嚷着要把少年带去冥界。还说最近去世的帕塔利瑟的哥哥当天下午在从

---

①哈姆雷特:是威廉·莎士比亚创作于1599年至1602年间的一部悲剧作品,主要讲述丹麦王子哈姆雷特为父报仇的故事。作品中老国王化作鬼魂并告诉了哈姆雷特真相:歹毒的克劳狄斯趁他午后在花园里熟睡时,偷偷把剧毒的乌木汁灌进他耳朵里。

林里还和少年碰了面，并敲了他的额头。此外还传说我们昨晚整晚都在和死者的幽灵持续作战，最后以胜利告终，幽灵们不得不逃回了黑暗的夜（那儿是他们的栖身之所）。

六月××日

科尔文给我们寄来了照片。（几乎与感性无缘的）芳妮忍不住红了眼眶。

如今的我缺少朋友。缺少（在各种意义上）能够平等对话的朋友；拥有着共同过去的朋友；在对话中无须头注和脚注的朋友；即使用粗鲁的言语，在心里也仍是无比尊敬的朋友。在这个气候舒适、充满活力的日子里，美中不足的就只有这个。科尔文、巴克斯特、W. E. 亨雷、高斯，还有稍晚认识的亨利·詹姆斯，回想我的青春拥有过这些深厚的友情，全都是些比我更优秀的家伙们。和亨雷闹僵，是我现在回想起来最痛悔的一件事了。从道理上讲，我丝毫也不觉得自己错了，但是道理什么的都不成问题。那个体格魁梧、卷须、红脸膛、一只脚的男人和苍白瘦削的我一起在秋天的苏格兰旅行时，想想那份二十来岁年轻健康的快乐吧！那个男人的笑声“不只是脸和横膈膜[①]的笑，而是遍及头部到脚跟的全身的笑”，我现

①横膈膜：人或哺乳动物胸腔和腹腔之间的膜状肌肉。收缩时胸腔扩大，松弛时胸腔缩小。

在似乎都能听得到。他是个不可思议的男人。和他说话时，你会觉得世上没有不可能的事。在谈话过程中，不知何时我自己也成了富豪、天才、国王、手持神灯的阿拉丁……

过去那些亲切的脸庞陆续不断地在我眼前浮现。为摆脱这无用的感伤，我埋头工作。前些日子一直在写萨摩亚纷争史，或者可以说是萨摩亚的白人蛮横史。

然而，离开英国和苏格兰后刚好已经四年了。

五

萨摩亚自古以来地方自治制度极为牢固，名义上虽然是王国，但国王几乎不拥有政治上的实权。实际政治权全由各地地区会议决定。国王并非世袭，甚至也并非常置。自古以来，在这片岛屿上，相当于王者资格的荣誉称号就有五个。根据声望或功绩，在各地大酋长中拥有这五个称号的全部或超过半数的人，才能被推举为国王。但是通常能将这五个称号集于一身的情况非常罕见，大多是除国王之外，还拥有一两个称号的保持者。因此，王位不断受到其他持有王位请求权的人的威胁。换句话说，这种状况在其内部必然埋下了内乱纷争的导火索。

——J. B. 斯特阿《萨摩亚地志》

一八八一年，在五个称号里拥有“马里埃特阿”“纳特埃特雷”“塔玛索阿里”这三个称号的大酋长拉乌佩帕被推举为国王。后来决定让拥有“茨伊阿阿纳”称号的塔马塞塞和另一个“茨伊阿特阿”称号的持有者玛塔法轮流担任副国王。首先做了副国王的是塔马塞塞。

刚好在同一时期，白人干涉内政的情况愈演愈烈。以前是地区会议以及实际掌权的茨拉法雷等大地主们操纵着国王，如今却被住在阿皮亚城的少数白人取而代之。英、美、德三国最初在阿皮亚港各自设有领事①，但最有权力的并不是这些领事，而是德国人经营下的南海拓殖商会。在岛上的白人贸易商中，这个商会就如小人国里的格利佛②一样。商会的总经理曾兼任过德国领事，他是一位年轻的人道主义者，因反对商会虐待土著工人而与本国领事发生冲突，最后逼得对方辞职。位于阿皮亚西郊姆黎努海角附近的广阔土地则是德国商会的农场，那儿种着咖啡、可可和菠萝等植物。数以千计的工人大多是从比萨摩亚开发更晚的群岛或遥远的非洲被当

①领事：一国根据协议派驻他国某城市或某地区的代表，任务是保护本国与其侨民的权益和处理侨民事务。一般有总领事、领事、副领事和领事代理人。

②格利佛：英国作家斯威夫特所著的《格列佛游记》中的主人公。以格列佛的四次出海航行冒险的经历为线索，一共由四部分组成。其中第一卷是利立浦特（小人国）游记，叙述格列佛在小人国的游历见闻。

作奴隶贩运过来的。

黑人和棕肤色人在白人的监管鞭策下，被强迫从事艰苦的劳动，每天都能听到他们的叫苦声。逃跑的人接连不断，但大多数人都被抓了回来，甚至有的还被杀掉了。另外，有关阿皮亚岛上的吃人习俗在很久之前就已被众人遗忘，但如今却流传着这样一些奇怪的谣言，说是从外地来的黑人会吃掉岛民的孩子。因为萨摩亚人的皮肤是浅黑或棕色的，所以他们觉得非洲黑人是可怕的。

岛民对商会的反感逐渐高涨。在土人眼里，整顿得十分美丽的商会农场如同公园一样，但却不能自由出入，这对喜爱游玩的他们来说是一种无理的侮辱。至于自己好不容易种出的那些菠萝却不能吃，而要装载上船运送到别处，这种事情大部分土人觉得愚蠢至极且毫无意义。

晚上潜入农场糟蹋农田的行为渐渐普遍起来，这被认为是侠盗罗宾汉式的义举，博得了岛民广泛喝彩。当然，商会一方也没默不作声。当抓住犯人后，他们不但立即将其关进商会私设的监狱，并反过来利用这件事与德国领事联手逼迫拉乌佩帕国王，不仅索要赔偿，甚至强迫国王签署了一项税法（这项税法对白人尤其对德国人有利）。

国王和岛民们也渐渐不堪忍受这种压迫，他们试图依靠英国。但愚蠢至极的是，国王、副国王和各个大酋长商议决定提出一个“试图把萨摩亚的支配权委托给英国”的宗旨，不料这个以狼代虎的决定泄露给了德国。被激怒的德国商会与德国领事立刻把拉乌佩帕国王驱逐出了姆黎努王宫，打算另立以前的副国王塔马塞塞为新国王。另一种说法认为，塔马塞塞与德国人勾结并背叛了国王。总之，英、美两国均出面反对德国的方针，使纷争持续发酵。最后，德国（俾斯麦[1]式的做法）向阿皮亚派遣了五艘军舰，在其威吓下强行发动了政变。塔马塞塞加冕为新国王，拉乌佩帕则逃往南方山林深处。岛民们虽对新国王不满，但各地的暴动在德国军舰的炮火前不得不沉默下来。

为摆脱德兵的追捕，前国王拉乌佩帕从一片森林潜藏到另一片森林。某夜，一个亲信酋长那里来了位使者说：“如果明天上午殿下没去德国军营的话，那么这个小岛可能会发生更大的灾难。”拉乌佩帕不是一个意志薄弱的男人，而且他并没有失去对于此岛的道义心，当即决定牺牲自己。当晚他潜入阿皮亚城，与前副国王候选人玛塔法秘密会面，并托付了后事。玛塔法已知道了德国人对拉乌佩帕的要求。据说拉乌佩帕将在短时间内乘德国军舰被带去某地，并且，德国舰长保证

---

①俾斯麦（1815—1898）：1862 年任普鲁士首相兼外交大臣，极力推行“铁血政策”，主张通过战争，由普鲁士统一德国。他相继发动了对丹麦、奥地利和法国的战争，逐步实现了德国统一。

在舰上会尽量优待这位前国王，但是拉乌佩帕并不相信这些，他觉得自己再也不会踏上萨摩亚的土地了。他写下一封给所有萨摩亚人的诀别信并交给玛塔法。两人挥泪告别后，拉乌佩帕便去了德国领事馆。当天下午，他被带上德国军舰俾斯麦号后就不知所踪了，最后只留下了那封伤感的诀别信。

"……我爱这些岛屿，爱着我们所有萨摩亚人，因此我决定把自己交给德国政府，这样他们就可以随心所欲地处置我了。我不希望因为我而使萨摩亚尊贵的鲜血再次流淌，但我究竟犯了什么罪，使他们这些白人能如此愤怒地这般对我、对我的国土。直到现在我仍不明所以……"信的结尾，他伤感地呼唤着萨摩亚各个地方的名字，"马诺诺，再见了！图图伊拉、阿阿纳、萨法拉伊……"岛民们读到此处全都哭了。

这是史蒂文森在此岛定居的三年前发生的事了。

岛民对新国王塔马塞塞强烈反感，众望都集中在玛塔法身上。起义连续不断，玛塔法在不知不觉中以自然拥戴的形式成了叛军头领。拥立新国王的德国和与之对抗的英、美（他们对玛塔法并无好感，但为对抗德国，所以总和新国王作对）之间的冲突逐渐激化。一八八八年秋，玛塔法公然举兵，据守于山地的丛林地带。德国军舰沿岸来回航行，炮轰叛军部落。英美对此提出抗议，三国的关系相当危险，玛塔法屡屡破敌，终于把国王从姆黎努赶走，并将他围困在阿皮亚东的拉乌利伊一带。为救援国王塔马塞塞,登陆的德国军舰陆战队在方格利峡谷被玛塔法军大败,众多德国兵战死,岛民们兴奋之余,大吃一惊。因为迄今为止被视为半神的白人被他们的棕色英雄给击败了。塔马塞塞在海上逃亡,德国支持下的政府已全面崩溃。

愤慨的德国领事决定利用军舰对全岛施加过激手段。英、美两国,尤其是美国再次正面反对,各国纷纷派遣军舰驶往阿皮亚港,局势变得更加紧张。一八八九年三月,在阿皮亚湾,两艘美舰、一艘英舰和三艘德舰形成对峙。阿皮亚港后面的森林里,玛塔法率领的叛军正虎视眈眈地窥伺良机。正当战斗一触即发时,幸逢天公作美。空前的历史性灾难——一八八九年的大飓风席卷而来。难以想象的暴风雨下了一天一夜,前一天夜里停泊的六艘军舰,虽然没被损坏,但最终仅有一艘浮在水面上。敌我区域已消失,白人和土人成群结队地忙于救援工作。潜伏于阿皮亚港后面森林里的叛军同伙也来到居住区和海岸上,负责收拾尸体和照顾伤员。如今德国人没有再追捕他们,这次惨祸使相互对立的态度得到了意外的缓和。

这一年,在遥远的柏林签署了有关萨摩亚的三国协定,最终使萨摩亚依然可以继续拥戴国王,但只是名义上的,并由英、美、德三国人组成的政务委员会对其进行协助。协议还规定必须从欧洲派遣两名最高官员。他们分别是:高于此委员会的政务长官和控制整个萨摩亚司法权的大法官(裁判所长)。并且,从今往后国王的选拔必须要征得政务委员会同意。

同年(一八八九年)年底,两年前消失在德国军舰上便杳无音信的前国王拉乌佩帕突然面色憔悴地回来了。从萨摩亚到澳大利亚,从澳大利亚到德国殖民地西南非洲[1],从南非到德国本土,又从德国到密克罗内西阿,轮流押送他回来。但他这次回来,将作为傀儡国王被再次拥立为王。

如果有必要选一个国王出来的话,不管依照次序,还是依照性格或声望,自然应是玛塔法当选,但他的剑上淌着方格利峡谷德国水兵的鲜血,所以德国人全都坚决反对。而玛塔法自己也并不着急,他乐观地认为总会轮到自己,另外也包含对两年前挥泪告别、如今憔悴归来的老前辈的同情。拉乌佩帕最初打算把王位禅让给头号实力派人物玛塔法的,但因为他原本意志薄弱,在长达两年的流放中又充满了无休止的不安与恐惧,所以如今已彻底失去了霸气。

然而,把两人的友情强行曲解的是白人的策动和岛民热

①西南非:纳米比亚共和国。它于1915—1990年之间被称为西南非,曾为德意志帝国殖民地。

烈的党派心。政务委员会不由分说硬是将拉乌佩帕扶上王位后不到一个月,(使交情很好的两人非常吃惊的是)就传出了国王和玛塔法不和的传闻。两人之间有了隔阂,并且,经过一段奇妙的令人心酸的历程后,两人的关系果真变得别扭起来了。

史蒂文森刚到这个岛上就看不惯这儿的白人对待土人的方式。对萨摩亚来说不幸的是,从政务长官到游岛的商人——这些白人全都为赚钱而来。在这一点上,英、美、德没有区别。除了极少数的几个牧师外,他们没有一个人是因为热爱这个岛、热爱岛上的人们而留下的。史蒂文森刚开始感到惊愕,然后就愤怒起来。从殖民地常识来看,为这种事而震惊的人确实让人心生诧异,但史蒂文森郑重地向遥远的伦敦《泰晤士报》寄稿,诉说白人的横暴、傲慢、无耻,以及土人的悲惨等岛上的这些状态。然而这封公开信最终备受嘲笑,被讽刺为“著名小说家令人吃惊的政治上的无知”。当一向蔑视“唐宁街那些俗人”的史蒂文森听说大宰相格莱斯顿为寻找初版《宝岛》遍访旧书店时,事实上,他不但没有被激发起虚荣心,反而感到了一种愚蠢至极的不快。虽然不熟悉政治现实,这本是事实,但“殖民政策也请先从热爱当地人做起”,他无论如何也不明白这种想法有什么错。他对这个岛上白人的生活和政策的指责,逐渐在阿皮亚港的白人(包括英国人)

和他自己之间产生了隔阂。

史蒂文森非常留恋故乡苏格兰高地人[①]的氏族制度。萨摩亚的族长制度与之有着相近之处,史蒂文森第一次见到玛塔法时,只见他身躯魁梧、相貌威严,看得出他具备真正族长的魅力。

玛塔法住在阿皮亚以西七英里的马里艾。虽然他不是形式上的国王,但是与公认的国王拉乌佩帕相比,他拥有更多的声望、部下和王者气概。他对白人委员会所拥立的现政府从没持过反抗态度,连白人官吏自己都漏税时,只有他还在严格纳税。如果部下犯罪了,他总是顺从地接受裁判所长的传唤。尽管如此,不知从何时起,他被视为现政府的一大劲敌,政府害怕他、忌惮他、厌恶他。甚至有人向政府检举说他私下搜集弹药等不实信息。事实上,岛民要求改选国王的呼声威胁到了政府,但玛塔法自己一次也没有提出过类似要求。他是虔诚的基督教徒,单身,年近六十。二十年来,发誓"像主活在这世间一样"生活(说的是有关妇人之事),言出必行。每天晚上,把来自岛上各个地方的讲解者聚集在一起,在灯下团团围坐,他唯一的乐趣是听他们讲述古老的传说和歌谣。

---

①苏格兰高地人:苏格兰在地理上分为低地和高地,低地以南部绿色的丘陵为主,而北部高地则多为粗犷起伏的山脉。苏格兰高地人是指生活在高地的苏格兰人,他们也是生活在欧洲的最古老的居民。

六

一八九一年九月×日

最近岛上流传着一些奇怪的传闻。比如:“瓦伊辛格诺的河水被染红了。”“在阿皮亚湾捕获的怪鱼肚子里写有不吉利的文字。”“无头蜥蜴在酋长会议的墙上爬着。”“每天夜里,阿婆利玛水道上空的云彩里传出可怕的叫声,那是乌渡卢岛的众神和萨瓦伊岛的众神在作战。”……土人们全都认真地将这些看成是即将来临的战争的前兆。他们期待着玛塔法什么时候会站起来推翻拉乌佩帕和白人的政府。这也不是没有可能,如今的政府实在太糟糕了,全是些一边贪图着(至少在波利尼西亚是)巨额薪金,一边无所事事——真的是什么都不做、只知游手好闲的官僚们。裁判所长切达尔克兰茨并不令人讨厌,但官僚却腐败无能。至于政务长官冯匹尔扎哈,他几乎在每件事上都伤害了岛民们的感情。只知道征税,从没修过一条路。上任后,一次也没授予土人官职。无论对阿皮亚城,对国王,还是对这个岛,他都一毛不拔。他们忘记了自己身在萨摩亚,也忘记了萨摩亚人这个人种,这个人种同样有着眼睛、耳朵和些许智慧。而政务长官所做的唯一一件事,就是批准了为自己修建富丽堂皇的官邸的提案,并已施工。其官邸的正对面就是拉马佩帕国王的王宫,那是个即使在岛上也属中流偏下的、简陋寒酸的房子(茅棚?)。

我们来看一下上个月政府人事费细目吧!

裁判所长的薪金 ……………………………… 500 美元

政务长官的薪金 ……………………………… 415 美元

警察署长(瑞典人)的薪金 …………………… 140 美元

裁判所长秘书的薪金 ………………………… 100 美元

萨摩亚国王拉乌佩帕的薪金 ………………… 95 美元

窥一斑而知全豹,这就是新政府管理下的萨摩亚。

虽然 R. L. S. 先生是对殖民政策一无所知的文人,但却多管闲事,就像堂吉诃德[①]一样给予土人廉价的同情。这是阿皮亚的一个英国人说的。首先,我很感谢将自己与那位奇特义士的博爱相提并论,这是无上的光荣。事实上我对政治一无所知,并把这种无知当作荣耀。在殖民地或半殖民地,我不知道什么是常识。即便知道,也因为我是一个作家,只要心里不接受,那种常识就不能当作自己行为的标准。

只有真正直接铭记于心的东西才能让我或艺术家采取行动,但对如今的我来说,"直接有感觉的东西"是什么呢?"我已经不再是用一个游客好奇的眼光,而是用一个居民的依恋,

①堂吉诃德:西班牙作家塞万提斯《堂吉诃德》的主人公。他一方面脱离现实,爱幻想,企图仿效游侠骑士的生活;另一方面又心地善良,立志铲除人间邪恶。是一个可笑、可叹、可悲、可敬的人物。

开始爱着这个岛和岛上的人民”。

总之，我必须想方设法阻止眼下这场危机四伏的内乱，以及足以诱发内乱的白人的压迫。但是，在这些事上我是多么无能为力！我甚至连选举权都没有，我尝试着和阿皮亚的佣人们谈话，但他们看起来对我并不真诚。之所以耐心地听我说话，实际上只不过是冲着我的作家名声。我离开后，他们肯定都伸舌嗤笑罢了。

眼见这些愚蠢、不公和贪婪日益严重，而我却无能为力。无力感吞噬着我。

九月××日

在马诺诺那边又发生了新事件，看来这个岛净惹事端。虽然只是个小岛，但整个萨摩亚纷争的百分之七十都是从这里产生的。在马诺诺，玛塔法一派的年轻人放火烧了拉乌佩帕一派岛民的家，岛上立刻混乱一片。裁判所长此时正利用公费在斐济旅行，政务长官冯匹尔扎哈亲自赶到马诺诺，独自上岸（看来此人只有勇气令人佩服）劝说暴徒，并命令犯人们主动去阿皮亚自首。犯人们一言九鼎，来到了阿皮亚。他们受到监禁六个月的宣判并被立刻送往监狱。其他剽悍的马诺诺人在犯人们穿过大街被送往监狱的途中大声喊道：“我们一定会救你们出来的！”犯人们走在三十名荷枪实弹的士兵中间回应道：“不用那样！没关系。”按说事情到这里就已经结束了，但人们坚信近几天里一定会有人来劫狱，所以监狱方面加强了警戒。守卫长是个年轻的瑞典人，他不想日夜担心，竟想到一个极其粗鲁的办法。说是把炸药装到牢房地下，如果受到袭击，就把暴徒和犯人一起炸掉。他对政务长官如此建议并得到了同意。然后，他去向停泊在港口的美国军舰借炸药，但遭到拒绝，最后从打捞失事沉船的工程队（美国把前些年因飓风沉没在海湾里的两艘军舰赠送给了萨摩亚政府，工程队便是为这项打捞作业而来到萨摩亚）那里把炸药搞到了手。这件事被一些人泄露了出去，所以最近两三周流言四起。眼看似乎喧嚣一时，政府很害怕，最近突然把犯人们押上大型游艇，转移到特克拉乌斯岛去了。炸死老老实实服刑的人这自然荒谬绝伦，而把监禁擅自改成流放也真够荒谬。这种卑劣、怯弱和无耻，就是面对野蛮的文明的典型姿态。如果让土人以为白人都赞成这么做，那可就糟糕了。

我把关于这件事的质询书立刻寄给了政务长官，但至今都没有回信。

十月××日

长官的回信终于来了。但都是孩子般的傲慢和狡猾的遁词，不得要领。我又寄去一封质询书。其实我最讨厌这样的纠纷，但却无法沉默地看着土人被炸药炸飞。

岛民依旧沉默无言，我不知道这种状态会持续多久。白人似乎越来越不受欢迎。连我们温和的亨利·西梅莱今天也说:"海边(阿皮亚)的白人真讨厌,爱摆架子。"听说有一个趾高气扬的白人醉汉对亨利挥舞着山刀[①]恐吓道:"拿头来!"这是文明人该干的事吗?萨摩亚人都很殷勤(即使常常不够文雅)、温和(盗窃除外),他们有自己的名誉观,至少比炸药长官要更文明些。

在斯克里布纳杂志连载的《触礁船打捞工人》第二十三章已完稿。

十一月××日

我每日东奔西走,完全沦为政治人物。这是喜剧吗?密会、秘信、暗夜急行。夜里穿过这个岛的森林时,银白色的磷光星星点点洒满地面,十分美丽。听说它是一种菌类所发的光。

有一个人拒绝在给政务长官的质询书上签字,我去他家成功说服了他。我的神经竟也变得如此迟钝,我要努力了!

我昨天拜访了拉乌佩帕国王。那是一座低矮、凄凉的房子。即使在乡下的寒村,像这样的房子也仅有几个。恰好对面就是高高耸立的即将竣工的政务长官的官邸。国王每天都

①山刀:砍刀,厚刃刀。指在山上干活的人用的劈柴刀形状的利刃器具。

不得不仰望这座建筑物。由于他对白人官吏的顾虑，似乎不太想和我们见面。虽然交谈甚少，但这位老人的萨摩亚语发音，特别是重元音的发音非常优美。

十一月××日

《触礁船打捞工人》终于完稿，《萨摩亚史脚注》也正在进行。因为每个出场人物都是自己熟悉的人，书写现代史的困难就与日俱增。

前些天我访问拉乌佩帕国王果然引起了很大骚动。政府贴出了新公告，任何人没有领事许可或没有被认可的翻译人员在场，都不得会见国王。他是神圣的傀儡。

政务长官提出会谈的要求，大概是试图笼络，但我都拒绝了。

于是，我似乎公然变成德意志帝国的敌人，以往来家里玩的德国士官们捎来口信，说是由于出海不能来拜访了。

有趣的是，在城里的白人中，政府也不受欢迎。它盲目伤害岛民的感情，结果只会置白人的生命财产于危险之中。白人不纳税的程度高于土人。

由于流感猖獗，城里的舞场也都关门了。听说在瓦伊莱莱农场一次就死了七十个劳工。

十二月××日

前天上午，收到一千五百颗可可种子。到了下午，七百颗种子也送到了。从前天中午到昨天晚上，我们全家一起忙着播种。大家都成了泥人，阳台如同爱尔兰的泥煤田。可可的种子先要种到用可可树叶编成的筐子里。于是十个土人在后森林的小屋里编筐子，四个少年掘土装箱后运到阳台，我和洛伊德、贝尔（伊莎贝尔）把石子和黏土块筛选后，把土装进筐子，少年奥斯汀和女佣法阿乌玛把筐子搬到芳妮那儿，芳妮在每个筐子里埋进一颗种子并把它们摆在阳台上。我们每个人都累得身体发软。今天早上仍然很累，但邮船时日已近，我便急忙写完《萨摩亚史脚注》第五章。这不是艺术品，而是应该尽快完成、尽快被阅读的东西，不然就失去了意义。

也有政务长官要辞职的消息，但却未必可靠。这大概是与领事们之间的冲突衍生的吧！

一八九二年一月×日

下雨了，暴风似乎要来了。关上窗户，点上煤油灯。感冒怎么也不见好，风湿又来了。我想起一位老人的话："在一切主义中最坏的就是风湿主义。"

休息期间，我开始书写从曾祖父时候开始的史蒂文森家的历史，感到非常开心。我想起曾祖父、祖父和他的三个儿子（包括我的父亲）相继默默在浓雾的北爱尔兰海坚持修建灯塔的高贵身影时，如今也充满了自豪。题目命名为什么呢？《史蒂文森家的家人们》《苏格兰人的家》《工程师一家》《北方灯塔》《家族史》《灯塔技师之家》?

祖父应该与无法想象的困难决斗过,因为至今仍保留着在贝尔罗克暗礁海角修建起一座灯塔时的详细记录。在读它时,我总觉得自己(或是还未出生的我)真的经历过当时的场景。我并不是平时想象的自己,八十五年前,我曾一边忍受着北海的风浪和海雾,一边和那个只有在退潮时才能看见的魔鬼海角搏斗过。狂风怒吼、海水刺骨、舢板摇摆、海鸟低飞,这些我都能真真切切地感觉到。突然胸口灼热。苏格兰的山脉,石楠树的绿荫、湖水。早晚听惯的爱丁堡城的喇叭声。彭特兰的山岗、巴拉黑特、卡库沃尔、拉斯海角,呜呼!

我现在所处的地方位于南纬十三度,西经一百七十一度。苏格兰正好就在地球的相反面。

悟净出世

流秋方始，败柳枝上寒蝉残鸣，烈阳西下，唐三藏带着略微不安的心情，跟随两位徒弟，一路披荆斩棘，闯过重重险阻，匆匆忙赶路西去。忽然面前一条大河拦住去路，河水湍急汹涌，河面宽不可测。站在河岸查看究竟，只见旁边一座石碑。上面用篆书刻着“流沙河”三个大字，旁边四行小楷字：八百流沙界，三千弱水深。鹅毛漂不起，芦花定沉底。

——西游记

一

话说流沙河底沉藏妖魔鬼怪一万三千有余，其中唯他最不心慈手软。迄今他已吃食了九位僧人，因此遭到惩罚，那九人的头骨至今还缠附在他的脖颈之上,但从未有人见过此物。当遭质疑:“根本不曾见过,怕是胡说吧?”他便以难以置信的眼神回望身边的妖怪同道,那透着无限悲伤的表情仿佛在问:为何独是自己不被大家认同?其他同道却说,“还说什么吃过和尚,怕是连人都不曾吃过吧。只见过他在河边捕食鲫鱼小虾之类。”这些妖怪们还给他起了个“独言悟净”的绰号。他时常感到不安,烙印在身上的深深悔恨,让他不断地责备自己,一次次重复的自责变成了不经意间的自言自语。远远望去,像是轻松地从嘴里吐出一个个小水泡一般,实则是他又在轻声自语:“我真是愚蠢啊”“为何我会沦落至此”“我,无药可救……”有时他甚至称自己为“堕落的天使”。

那时,不仅是这些妖怪,所有人都深信,这世上一切生物皆由轮回转世而来。在这流沙河底,没有人怀疑悟净曾是天界灵霄殿上的卷帘大将。因此,就连对转世轮回颇感质疑的他,也不得不假装与众妖怪一同深信一切皆是轮回。诚然在所有妖怪当中,唯他一人暗自对这轮回转世心存质疑。姑且相信,如今的自己正是五百年前天界卷帘大将转世。那么何以证明,曾经的卷帘大将与眼前的自己同是一人?其一,自己不曾记得天界的任何事情;其二,那个曾经的卷帘大将,与如今的自己哪里相同?是血肉之躯,还是灵魂?话说回来,究竟何为灵魂?只要他提出诸如此类的问题,其他妖怪便会取笑:

“快看，悟净又开始魔怔了！”其中有的是在嘲弄他，有的则是假装怜悯地问道：“是病了吧？一定是得了什么不好的怪病！”

事实上，悟净确实是病了！

连他自己也不知是从何时起，更不知是何缘由患上此病。只是，当他察觉到的时候，这令人生厌的“怪病”便笼罩在他的周围。无论做什么都会令他厌烦，听到的、看到的都让他沉闷不已。他始终无法相信自己，又对自己百般厌恶。一连多日，他闷在洞穴里不去猎食，只是瞪着两只微微发光的眼睛，再次陷入沉思。不经意地起身，在周边踱步，像是在自言自语地说着什么，又突然坐下。这一个个的动作，他竟毫无意识。哪怕能想明白一两个疑问，也能消除些许不安，可他总是一无所获。曾经认为理所当然的一切，如今都变成解不开的谜团。认为是整理妥当的一整件事，须通过逐个分解的部分才能被接收，可就在对各个部分的反思中，却使得整件事又变得混沌不清。

流沙河里有位懂医术的老鱼怪，他还懂得占星术，也是位祈祷师。一日他见到如此嗔癫的悟净感慨道：“哎呀！好可怜啊！这是染上了因果的病啊！但凡得了这病的，一百人中有九十九人一生都会悲惨不已。原本我们妖怪是不会得这病的，但自打我们开始吃人，我们当中就偶尔有人会得这病。只要患上了这个病啊，就没办法老老实实地接受任何事情了。无论看见什么、遇上什么，都会立刻去想‘为何如此’，想要弄明白唯有修成正果的神仙们才知道的‘为何如此’。思考这些的妖怪，是没法子活下去的。不去想什么‘为何如此’才是我们世间所有人要遵守的规矩啊。最难办的就是，凡染上这怪病的家伙，都会对自己产生怀疑。为何‘我’会把‘我’看成‘我’，为何不能把其他的人当成‘我’。‘我’究竟是什么？开始思考这些，便是这个病最不好的征兆。怎么样我说的没错吧？只可惜，这病无药可救、无人能医。只可自愈，若不是遇到极好的机缘，这病怕是没有痊愈的可能了。”

二

文字很早已从人类世界传来这里，妖怪们虽知道文字，但在他们之间对文字总有种轻蔑鄙视的习惯。像文字那样死板的东西根本无法表现活生生的智慧（若是图画尚可勉强描绘）。妖怪们认为写字就好比想要用手去握住烟，却不让其变形。这想法简直愚蠢至极。因此，试图了解文字成为生命力衰退的象征，为大家所排斥。妖怪们纷纷认为，悟净平日的忧郁正是源自他懂得文字。

文字虽没有被重视，但他们并不轻视思想。在这一万三千妖怪当中，也有不少哲学家。但因他们词汇贫乏，多么复杂的问题他们也只能用幼稚的语言来描述。他们在流沙河底开设了各自有关思考的店铺，仿佛这河底也腾起了一层哲学的忧郁。一位贤明的老鱼，买了座漂亮的庭院，在明亮的窗子下面，沉思何为永恒无悔的幸福。另一位高贵的鱼族，在有着美丽条纹的鲜绿色海藻叶下，一边弹奏竖琴一边颂扬宇宙的和谐之音。丑陋、迟钝、愚顽，尽管如此，也从未想过要掩饰自己那愚笨的苦恼，这就是悟净，他身处这些智慧的妖怪当中，成为大家嘲弄的对象。一个看似聪颖的妖怪一本正经地对悟净说："所谓真理究竟是什么呢？"还没等悟净回答，他便嘴角上扬，面带嘲笑地大步走开了。另一位妖怪，是个河豚妖精，听说悟净的病情，特意前来拜访。他认为悟净的病因是出于对死亡的恐惧，为此特地来前取笑，并对悟净道出自己的论点："生时无死，死时无我。至此，何畏？"悟净顺从地认可了这一论点的准确性。那是因为，他自己从未惧怕过死亡，也知道自己的病因并非如此。本想来取笑悟净的河豚精只得扫兴而归。

在妖怪的世界，身体与心灵的分别，并不像人类世界那般清晰。心灵的疾病很快会转化为肉体的痛苦，这痛苦正折磨着可怜的悟净。难以忍受的他，断下决心，"既然如此，无论粉身碎骨、无论遭受怎样的嘲弄，誓要访遍这流沙河的每一位贤人志士、每一位仁心医者、每一位占卜师，一定要认真向他们学习，求得教诲，直到自己弄明白为止”。说着，他穿上件简陋的僧服，踏上了寻理之路。

为何妖怪就是妖怪，而不是人类。那是因为，他们将自己属性中某一特质发挥到极致，拒绝均衡，唯丑至极，非人性至极，他们就是这样一群残缺者。有的妖怪极度贪吃，故而口腹奇大；有的妖怪极度淫荡，故而阳具突兀；有的妖怪极度洁净，为此除头部外其他部位均已退化。他们都有自己的特性，有着自己执拗的世界观，就算是与他人争辩之后，也不会得出更具价值的认识。因为要理解他人的思绪，势必要将自己的特征表现得淋漓尽致。因此，流沙河底，成百上千的世界观、形而上学，他们之间断不会相互融合。有的妖怪平衡绝望，充满欢喜，有的妖怪彻底的明快，有的妖怪虽有愿望却发出没有希望的叹气，像无数海草一般在这河水中摇曳。

三

悟净最初到访的是位叫作黑卵道人的妖怪，这位号称时下最为著名的幻术大家，住在河岸靠近水面处，用层层岩石堆砌的洞穴，入口顶端挂着斜月三星洞的牌匾。传说洞主鱼面人身，不仅精通幻术，且存亡自在，甚至可以冬起春雷、夏降冰霜，令鸟儿跑，使野兽飞。悟净侍奉这位方士三月有余，幻术之类对他来说并不重要，单从技艺来说，这位大家可谓是真仙人。悟净笃信若是真仙人,定会知道这世间的大道理,亦有能够医治自己恶疾的智慧,但结果令他无奈失望。无论是洞穴深处,盘坐在巨龟背上的黑卵道人,还是他身边簇拥着的数十位弟子,这些人只要一开口,竟是些法术如何神奇不可思议云云,抑或是如何用法术欺诈对手,如何方便将某处宝物纳入锦囊等"实用"话题。无人正视悟净苦苦追寻的"无用"思索。到头来悟净还是沦为这帮妖怪的笑柄,终被赶出了三星洞。

接着,悟净找到了沙虹隐士,这是位年长的虾精。这位已腰弯如弓的隐士,蜷居在河底岸中层的细沙之中。悟净一如既往侍奉这位老隐士三月有余,细心照料其日常生活,方得以接触深奥的哲学。一日年长的虾精一面命令悟净为其按揉腰部,一面一脸严肃地说道:"世上一切皆空无!这世上根本不曾有什么善事,若认定是有,那也莫过于世上的末日迟早会来这档事情了。因此没必要考虑特别难懂的道理,只要看好我们的身边事物即可。变幻、不安、懊恼、恐怖、幻灭、争斗、倦怠不断轮回,浑浑噩噩、纷纷扰扰不知归处。我们仅能立足当下这一瞬间,且这脚下的当下也会在瞬间成为过去。下一个当下、再下一个当下亦如此。好比站在沙砾斜面上的旅人双足一般,每踏出一步,足下的沙坡便坍塌一角。我们究竟该安住于何处呢,若要停下脚步定会跌倒不前,无奈只得不住向前,这便是我们的生活。何为幸福,那只不过是空想的概念,绝不会在现实中出现。短暂无常的希望，只不过是空得虚名罢了。”

说着他看到悟净那一脸的不安，赶忙安慰道：“年轻人，没什么可怕的，被海浪卷走的人必定会溺亡，乘着风浪的人一定能渡过难关。只有越过这些变化无常，兴许才能到达不坏不变的境界吧。自古确有仙人，可以超越善恶是非，可以忘却他我，到达远离生死的境地。可如果将这样的境地视为乐土，那便是大错特错了。与没有痛苦相对，也会失去普通生物应有的快乐。无味无色，形如白蜡、味如泥沙。”

悟净谨慎地插问道，自己并非是要探求个人的幸福或不动心的确立，而是想知道自己及这世界究竟的含义。这位虾隐士，眨了眨满目眼屎的眼睛回答道：“何为自己，何为世界，你认为有自己之外的客观世界吗？所谓世界，只不过是自我在时间与空间之间投射出的幻象罢了。如若自我没了，这世界也就消亡了。认为自我死了这个世界还会存在，简直就是俗不可耐、荒谬至极。即便这世界消失了，那个无形且不可思议的自我还是会依然存在的。”

就在悟净侍奉虾精整九十日的当早，数日的剧烈腹痛以及疟疾让这位老隐者搭上了性命。就在他弥留之际还欣喜地认为，这个让他腹泻、疼痛、恶臭难忍的客观世界，会伴随着他的死消失殆尽。

悟净细心地为老隐士料理完后事,眼含泪水,开始了新的旅程。

传言有位坐忘先生,能够坐禅入梦,每五十日才醒来一次。先生深信睡梦中的世界便是现实,偶尔醒来却将现世当作梦境。悟净不远千里前来寻访,果然先生仍在梦中。先生的住所位于流沙河河底最深处,阳光几乎照射不到。这里暗到快要看不清东西,顺势向屋内走去,眼前一个昏暗的台子上,隐约可以看到一位僧人模样,结跏趺坐沉睡其中的先生。这里听不到外界任何声音,甚至连鱼儿都很少游经,悟净无奈,只得在坐忘先生对面坐下,闭上双目,此刻他也有了入梦的感觉。

就在悟净到访的第四日,先生睁开了眼睛。面前的悟净赶忙起身向先生行礼。先生似看非看地眨了眨眼睛。不久,对视而坐的悟净诚惶诚恐地开口问道:"先生,请恕弟子冒昧,不知可否容我一问,这世上究竟何为'我'也?"话音刚落,便传来先生如秦时轹轳(duolu,一种用大车拉着转,使之钻物的大锥)般的"嗯"声,伴着这声音,悟净遭当头棒喝,这一棒打得他踉跄跌倒,后又赶忙坐好。不久,他再次小心翼翼地重复了刚才的问题。这次没了方才的棒喝。只见坐忘先生张了张他那厚厚的嘴唇,面容和身体纹丝不动,像在睡梦中一般答道:"长久得不到吃食,饥饿的感觉;冬日寒风刺骨的感觉。

难道这不是‘你’?”至此先生又闭上了厚厚的嘴唇，稍稍望了望悟净，继而闭目沉睡。就这样悟净又耐心地等了五十日，坐忘先生再次睁开眼，看见悟净仍坐在面前，问道:“你怎么还在这里?”悟净答曰:“我已等您五十日了。”“五十日?”先生如在梦中一般，睡眼惺忪地望着悟净，一时四目相对竟沉默起来。许久，那厚重的嘴巴，终于再次开口，“衡量时间的尺度，除本人外不可能再有他人能感觉得到，意识不到这一点的人甚是愚笨。人类制造了衡量时间的机器，殊不知日后定会招引大的误解。大椿之寿，朝菌之夭，难道长短没有变化吗？时间只不过是你我头脑里的一个设置罢了”。说罢就又闭上了双目，悟净知道唯有五十日之后先生才会醒来，于是对着熟睡的先生再次恭敬地行礼之后便悄然离去。

“恐惧吗？吓得发抖，故而信奉神灵吧！”一位年轻人，站在流沙河最繁华的十字路口如是喊道，“看看我们短暂的一生，何不将自己沉浸在未来与过往的无限永久之间;看看我们狭窄的居所，何不将自己投入到已不知，亦不知己的无限广袤空间中去。谁人不曾惧怕自己的渺小。我们都是被铁锁禁锢的死囚，每隔不久，就会有同类在我们面前死去。没有任何希望，我们只能依序等待死亡。时不可待，这短暂的等待时光，我们难道要自我欺瞒，酩酊度过吗？被诅咒的懦夫，难道你要依赖悲惨的理性自大苟且吗？傲慢得不知进退，小小一个喷嘘甚至都能击退你那本有的贫瘠理性与意志。”肤色白皙的青年，面颊微红，声嘶力竭地斥责道。难以想象，在他那女性般高贵的优雅风姿里，竟隐藏着如此激烈的喊声。悟净一面为之惊叹，一面出神地望着他那闪耀着光芒的美艳双眸。青年那火一般的话语，如同利剑刺中悟净的灵魂。

“我们能做的只不过是爱敬神灵、憎恶自己而已，其中一些把自己当成神灵、自大不已，甚至将全体的意志当成自己的意志，说什么自己仅是因为全体才存在，与神灵相合的仅一个灵魂而已。”

悟净认为，这是无比高尚的灵魂才会发出的感叹。尽管如此，可自己如今乞求的并非这神圣的话语。这训教如同良药，可再好的良药，若不对症又有何用呢？

在十字路口不远处，悟净看到一位丑陋的乞丐。这乞丐是个罗锅，在他高高拱起的背上，因脊椎严重变形，五脏六腑都被那背上的大包高高顶起。他头顶冲下，窝得比肩膀还低，下巴直对肚脐。从肩头到背部还起了一片红肿溃烂的疖子。见此情景，悟净不禁停下脚步，叹了口气。乞丐蹲坐在地上，听到叹气声，竟转过身来。连脑袋都无法自由活动的他，却瞪着一双赤浊的眼睛，龇着仅有的一颗门牙，得意得冲着悟净抿嘴一笑。继而，摇晃着向上吊起的双臂，蹒跚着来到悟净身边。“年轻人，你这样很是放肆，怎么？觉得我可怜吗？哈哈！在我看来，你才甚是可怜。你觉得我这般模样是造物弄人？你为何会如此认为？我倒觉得是上天眷顾，才会让我拥有如此稀有的样貌。以后还会把我造成何样，想想都觉得甚是期待。若将我左肘变成一只公鸡，我便用它为我报时；若将我右臂变成弹弓，我便用它打鸟烤肉来食；若将我臀部变成车轮，灵魂变成一匹马，那将成为无人能敌的战车，岂不成了珍宝！如何？吓到你了？在下名子舆，与子祀、子犁、子来三人是莫逆之交。我们均为女偊氏的弟子。万物若能超越其形，进入不生不死的境界，那么便能水不可没、火不可烧，寝而无梦、觉而无忧。前阵子我同三位好友一起说笑，在下竟提出：把无当作头，把生当作脊柱，把死当作尻尾，哈哈哈，甚是有趣啊！”

悟净被这乞丐的狞笑惊醒，忽然觉得兴许他就是什么神仙。若一切真如乞丐所言，那可是不得了。但从他言语、态度中流露出的夸张，又不免让人觉得这一切又都像是强忍痛苦讲出的豪言壮语。加之，这男乞丐丑陋的面容及身上脓包散发出的恶臭，都让悟净打从心底升起厌恶。虽说他所言极是，但悟净还是无法接受侍奉这样一个乞丐。只是对于方才谈话中提到的那位叫女偊氏的高人，悟净提出想向他求教。听到悟净有这样的请求，那乞丐傲慢地瞪着眼睛说道：“啊，是说我师父吗？距此向北两千八百里，在流沙河与赤水、墨水交汇之处有庵舍一间,师父就住在那里。若你道心坚定,定会得到他的垂训。那里适合努力修行,你若前往,也请代我向师父问好。”说着他竭尽全力地耸了耸那变形的肩膀。

四

以流沙河与墨水、赤水交汇处为目的地,悟净开始了北上的旅途。夜宿芦苇荡边,晨起便信步向着未知的水底砂原北部前行。看着鱼儿在水中自由自在,舞动银鳞欢游的模样,悟净却不住惆怅,“缘何唯我一人如此不快啊!”他终日不停地前行,沿途但凡遇到出色的仙人、修行者,他定会叩门拜访。

途中听说有位食量惊人、力大无比的仙人,悟净赶忙前去拜访。这是只看上去强壮无比,全身通黑的鲇鱼怪。见到悟净,鲇鱼怪捋着长长的腮须说教道:“若只考虑远忧,必会有近虑。达人从不通观世界,正如眼前这只小鱼,”说着这只鲇鱼怪捉住游经面前的一条鲤鱼,狼吞虎咽地放进嘴里,接着说道:“这条小鱼,就是这条小鱼,它缘何要从我的眼前游过,而后成为我腹中吃食。反复思索这其中的因果,根本不是神仙该有的举止。在捕捉这条鲤鱼之前费力思索这些无用之事,猎物早就逃走了。首先,应当快速地捕捉鲤鱼,等捉住了再去思考也不迟。整日思索鲤鱼缘何是鲤鱼,它与鲫鱼有何不同,你正是受了这些形而上学、无比荒谬的高尚问题之牵绊,所以才捕不到鱼的。你那懒惰的眼神，早已暴露了一切。”悟净垂着头，觉得鲇鱼怪所言极是。然而此时，这只鲇鱼怪早已吃光了方才的鲤鱼，瞪着贪婪的眼睛，注视着眼前低头思索的悟净。突然它眼睛放光，喉咙发出咕噜噜咽口水的声响。猛然抬头的悟净，这才意识到自己的危险，赶忙抽身躲避。鲇鱼怪锋利如刃的爪牙，以惊人的速度擦过悟净的咽喉。偷袭失败令这只鲇鱼怪大怒不已，它张着血盆大口扑向悟净。悟净则是拼尽全力地挣扎，借着腾起的泥烟仓皇逃出了洞穴。从那凶猛的妖怪身上，悟净学到了残酷的现实精神，他一面惊魂未定地颤抖，一面再次陷入沉思。

又一日悟净慕名寻访一位名叫无肠公子的高人，这位高人以博爱的演说家著称。排了许久的队，方才听到他的教诲。谁知就在他向与会者说教的当口，这位圣僧忽觉饥饿难耐，竟抓起自己的孩子大口大口吃了起来（无肠公子原本是个螃蟹精，每次产卵无数，这些孩子即是那卵孵化而来），看到这一幕，悟净大吃一惊。

为人们说教慈悲忍辱的圣人，如今，却在众人环视之下捕食自己的孩子，并且，吃完之后就好像方才什么都没有发生一样，再次开始了慈悲的演说。并非他忘记了方才的一切，而是那填饱肚子的行为，根本没有为他意识到吧。悟净甚至开始觉得，这兴许才是他应当学习的地方。自己在生活当中，也应有像无肠公子这样忘我的瞬间吧。悟净认为自己得到了宝贵的教诲,于是跪拜了无肠公子。他再次开始思考:“自己的弱点在于,理解某一事物时,若不逐一解释概念,就无法释怀,这正是自己性格上的缺陷。所谓教诲,并不仅是孤立的说教,应当联系自身,对!就是这样!”想到这儿,悟净再次拜谢无肠公子,恭恭敬敬地离开了。

蒲衣子的庵房有些与众不同。仅有四五位弟子,弟子们纷纷模仿师父的步调,探究自然密钥。比起探求者,称他们为陶醉者也许更为恰当。他们的修行就是观察自然,而后认真感受自然的调和之美。其中一名弟子说道:“最重要的是感觉,将感觉培养得美丽而敏锐。脱离自然美直接感受的思考,才是灰色的梦想。请深藏自己的内心,观察自然。云朵、天空、清风、飘雪、淡蓝色的冰;红色海藻的摇曳、细小而闪耀的硅藻光芒、鹦鹉贝的螺旋、紫水晶的结晶、石榴石的红艳、萤火石的碧绿。如此美丽的它们,看上去都好像在诉说着自然的秘密。”他的话简直就是诗人的诗句。“虽说如此,但当下已到了更进一步解释自然文字暗号的程度,突然间幸福的预感消失不见,我们不得不再一次面对美丽却冷漠的自然侧影。”另一名弟子对这美丽的诗句作以如是的答复:“这是因为我们的感觉锻炼还不充足,内心的沉淀还不饱满,我们必须要继续努力。正如师父所说‘看见便是爱,爱就是创造’,因为只有这样才能够把握瞬间。”

徒弟们互相辩论，蒲衣子则在一旁悉心倾听，只见他手握一颗鲜绿色的孔雀石，满眼欢喜，目不转睛地注视着眼前正在争论的弟子们。

悟净在这庵舍住了一月有余，其间他也学着这些自然诗人的模样，赞叹宇宙的调和之美，祈愿与它们一同转化为最深奥的生命体。虽然明显感觉到这里与自己格格不入，但还是会为他们安静的幸福深深吸引。

在这些弟子当中，有位异常美艳的少年。肌肤如白鱼般通透，黑色的眼眸如同夜空的星星一般闪亮，额头卷曲的头发如同鸽子的胸毛般柔软。当他心中有些许忧愁，脸上便会微微露出好似透过月色薄云般耐人寻味的表情；当他感到欢喜，那深沉的目光又会泛着宝石般的光亮。师父也罢，师兄弟也好，大家都对他疼爱有加。天真、纯粹，这少年的内心根本不知疑虑为何物。只因太过美艳，太过纤细，不由得觉得这少年宛若空气般宝贵，甚至令大家感到一丝不安。闲来无事，少年便会在白色的石头上滴上淡黄色蜂蜜，用它画出喇叭花的图案。

就在悟净即将离开这座庵舍的四五日前，一日清晨，少年离开了庵舍，一去不复返。与他同行的师兄带回了令人难以置信的消息。说是自己稍不留神，少年就纵身溶进了水中，这位师兄一再强调自己亲眼看到了这一切。其他弟子听了这愚蠢的说辞,不禁大笑。师父蒲衣子却认真地肯定了这一切,并说道:"也许事实正是如此,这样的事发生在那孩子身上也不是不可能,一切都只因他太过纯粹。"

对比险些吞噬自己的那只鲇鱼怪身上表现出的顽固与溶进水中少年的美艳,悟净再次陷入沉思,不久他便辞别蒲衣子,继续开始了前进的脚步。

继蒲衣子之后,悟净来到了斑衣婆(斑鳜)的住所。虽说这只斑衣婆怪已有五百年道行,可她仍拥有少女般娇嫩的肌肤,那婀娜妖艳的姿态,无论何等铁石心肠的人,也会为她神魂颠倒。这只老妖怪将享受肉体的快乐当作唯一生活信条,为了方便享乐,在其后庭修建了数十间连排房屋,召集各路青年才俊寓居于此。这一个个容姿端正的青年均为这老妖怪蛊惑,终日与其沉溺于享乐之中。斑衣婆甚至不与他人交往,更是不见亲朋,与这一众青年夜以继日沉醉在肉体的享乐之中,三个月才露一次面。悟净前来拜访之日,赶巧遇上这老妖怪三个月一次的露面,方得一睹其真容。看上去虽略显疲倦,但还是掩不住她美艳的外表。听说悟净是前来问道的,斑衣婆便与他娓娓道来:"是这条路,正是这条路,圣贤的教诲也罢,先哲的修行也罢,他们的目的不外乎寻求这无比欢愉的瞬间能够持续。还请你试想一下,在这世上生命是多么难能可贵啊,这就如同要在百千万亿恒河沙般无限的时光里,抓住那仅有的一瞬间。另一方面,死亡却以惊人的速度接近我们,一命难求却又只能静候死亡的我们,除了享乐,还有别的选择吗?啊!那令人沉浸的欢喜,总是给人欣喜的陶醉啊!”说着,这女妖怪眯起眼睛大叫起来,如同醉酒一般。“你啊!真是可怜,因为长相实在丑陋,我是不能留你在这儿的。也正是如此,我就将实情告知于你。其实在我这后庭之中,每年有近百位青年才俊因贪图享乐精尽人亡。尽管如此,他们当中没有一人对我心怀怨恨,所有人都是异常欢喜,心甘情愿地死去。甚至有许多人因为死了就无法享受这份快乐而倍感懊恼。”

因悟净的丑陋而心生怜悯的斑鱼怪最后这样补充道:“所谓明德,就是有享受快乐的能力。”因为丑陋所以没能成为那每年死去的近百人中的一员,悟净一面感激不尽,一面继续踏上了新的旅途。

贤人志士各说纷纭,他已全然不知该去相信谁说的。对于他那“究竟我为何物?”的质疑,一位贤者如是说道:“首先请你试着喊出来,如发出哼哼声那你便是猪,若发出呱呱声,那你便是鹅。”另一位贤者却说:“若你不过分强求自己究竟为何物,了解自己兴许没有那么困难。”又言曰:“眼睛可以看到一切,却唯独无法观察自己。所谓‘我’,归根结底都不可能具备了解自己的能力。”还有一位志士如是说道:“一个延续的自我究竟是何物？那是记忆影子的堆积。"这位志士教导悟净："记忆的丧失，正是我们每日所做的全部事情。因为忘记了忘却这回事，所以才能有各种新鲜的感受。其实，正是因为我们能够将所有一切都彻底忘记，才会感到新奇。何止昨日之事，包括方才逝去的那一瞬间，也就是方才的认知、方才的感情，全都会在下一个瞬间彻底忘记。那其中仅有些许模糊不清的片段会残存下来。因此，悟净啊，所谓当下的一瞬间，真有那么重要吗？"

历时五年的游历寻访，悟净这个病急乱投医的患者，以同样的病情，不断往复于开出不同处方的医生之间，在一次次的重复之后，他终于意识到自己一点也没能得到智慧。不要说智慧了，就连这个自己也越发浮躁（变得不像自己），他甚至觉得已沦为莫名其妙的家伙。虽说曾经的自己有些愚笨，但与现在相比，还算踏实稳重——那真实的肉体让他能够感知到分量。可如今，如同失重一般，成了吹口气就能飞起来的怪东西。外表被一层层不同模样的东西包裹着，内壳却空空如也。悟净深深意识到这是万万不可的。他总觉得，除了靠思绪探索内涵，应该还有更直接的方法。但是，自己像寻找算式答案一般对待这类难题，着实愚蠢至极啊。当他开始察觉到这些，只见前路水色逐渐浑浊，近乎黑红色，不觉间已经走到女偶氏住所地跟前。

女偶氏看上去是位非常平凡的仙人，甚至有些愚笨，即便悟净前来讨教，他也是既不支使亦不赐教。强行的说教遭到女偶氏的禁止，好似坚强是死的徒弟，柔软是生的徒弟，那么“学吧、学吧”这样一种生搬硬套的教法在他这里像是行不通。只是偶尔，他会旁若无人地小声说些什么。这时，悟净便会竖起耳朵努力倾听，可由于声音实在太小，他几乎什么也听不到。在此侍奉了近三个月，悟净没能得到师父的任何言教。唯独“贤者多是了解他人，愚者只会了解自己。于是，自己的病，也只能自己医治”这句话，是他听清的。三个月的修行即将结束，悟净对这一无所获的等待已是厌倦，来到师父面前辞行。这时，女偶氏才对悟净开口教诲：“因没能长出三只眼睛而感到悲伤的人，是多么的愚昧。”“因无法控制指甲与头发的生长而心存不快的人，是多么的不幸。”“喝醉了的人即使从车上摔下来也不知伤痛。”“但也不能一概而论，就说思考是坏事。不思考的人之所以幸福，就如同不知晕船为何事的猪永远不会了解晕船的感受一样。关于思考这件事，只要不沉溺其中便不会有什么太大的妨害。”

女偶氏为悟净讲述了一个妖怪的故事，这个妖怪不仅能够通晓自己的过往，还具有灵妙的智慧。它上自天文下至地理，无一不知无一不晓。通过微妙的计算，不仅可以追溯从前，亦可知晓未来。但就是这样，这个妖怪却无比不幸。一日它突然想到“自己能够预见这世上的一切,可缘何这一切会像自己所预言的那样发生呢?(可以不在乎是否都如自己预见般发生,但却不得不在意发生这一切的根本原因是什么。)”这妖怪发现即便拥有精深微妙的计算绝技,却仍会有许多事情不得其解。缘何向日葵的花儿要是黄色?缘何草儿要是绿色?缘何一切各自存在?这些疑问痛苦地折磨着这位拥有广大神通魔力的妖怪,最终导致它悲惨地死去。

女偊氏又为悟净讲述了另一个妖怪的故事,这是一个非常矮小且难看的妖怪,它常说自己生来就是为了寻找某个小而闪亮的发光物体。那发光的物体究竟是何物呢?任谁也无法给它解释。尽管如此,小妖怪仍是满腔热情地寻找,它因此而生,又因此而死。然而小妖怪终究也没能找到那小而闪亮的东西,但大家都觉得它的一生极为幸福。女偊氏虽为悟净讲述了一个个妖怪的故事,但对于这故事的含义却没有做任何说明。最后女偊氏如是讲道:“圣人知癫狂者幸也,通过牺牲自己进而自我救赎。圣人不知癫狂者灾祸也,多因无动于衷,进而渐渐走向灭亡。要知道,爱,是相对高贵的理解方法。行为,是相对明确的思索方法。可怜的悟净啊,你总是将所有事情都浸泡在意识的毒汁之中。决定我们命运的重大变化往往是不受意志控制的。试想一下,你的出生,是由自己意志控制的吗?”

听了女偶氏的讲述，悟净毕恭毕敬地说道：“老师的教诲，我已铭记于心。我虽常年在外游历，却未能厘清思绪，只觉自己不断地陷入泥沼，无法突破、痛苦无比。”对此女偶氏答曰：“溪水流向断崖附近，必是要打个转儿，才能成为瀑布落下。悟净啊，如今这样的转折近在眼边，你却踌躇不前。若向前一步跨过那令人生畏的转折点，兴许就能将一切反转。在这紧要关头，没时间让你不断反思、徘徊。胆怯的悟净。你望着那些纵身跃下的人们，心中是否充满了恐惧与怜悯？是踌躇不已，还是下定决心投身其中呢？其实你明知自己迟早也会跌落；明知没能跨越这转折点，是多么的不幸，还是会在一旁袖手旁观却又不愿离去。从旁观望那些在生命转折点挣扎着的伙伴，没有比这更为不幸的了。（至少比怀疑的旁观者要幸福许多。）愚蠢的悟净啊，你可意识到这些？”

师父教诲的难能可贵令悟净不胜感激，虽仍有些难以释怀，但他还是与师父就此拜别。

悟净认为，事到如今，他再也不会向任何人问道究竟了，“每一位我曾经拜访过的老师，看起来都是十分了不起，可实际上谁也没能给我一个合理的解释。”悟净一面这样自言自语，一面踏上了归途，“‘让我们装作互相理解吧，只要有了这份理解，就无须过多的解释。’大家仿佛都在这样的约定下生活。如果真有这样的约定，那么自己还整天嚷嚷着不明白、不明白,该是有多么愚笨啊！简直是……”

五

由于悟净的木讷与迟钝,我们无法从他身上看到幡然大悟、大话现前这类精湛的绝技,即便如此,些许微妙的变化还会渐渐在他身上凸显出来。

首先,这一切如同在赌博的心情。若只许有一个选择,一条满是泥泞的路,与一条危机重重但终能获救的路,谁都会去选择后者,既是如此,为何还会踌躇不定。说到这儿,他第一次意识到自己念头中卑鄙的功利性。选择危险的道路,受尽痛苦结果若不能得救,岂不成了无法挽回的损失。这样一种情绪在不知不觉间,促成了他的不决断。为了不费力,选择留在只能导向绝对胜利的路上。这正是懒惰、愚蠢且卑鄙的自己。在女偶氏身边逗留的那段时间,他的心境已渐渐向着一个方向逼近。起初被迫去做的事情,终会由自己主动去承担,并使之不断向前。悟净渐渐明白:曾一直认为,自己并非在谋求个人的幸福,而是在探寻世界的含义。如今看来这就是荒唐的错误,在这奇怪的形式之下,隐藏着最深的执念,那便是对自己幸福的探索。悟净并不是能讲清世界含义的罕见生物,这并非出自他对自己的自卑,恰恰相反,正是有了安乐的满足感才能使他意识到这一点。并且,在诉说那样的大话之前，先要拿出试着展现自己的勇气，试着去了解那个连自己都不了解的自己。在犹豫之前，请先尝试。不要考虑结果的好与坏，仅为每一次的尝试拼尽全力，哪怕一定会失败。总是因为害怕失败而放弃努力的悟净，如今已升华到不再惧怕辛苦努力付之东流。

六

悟净的肉体已是疲累至极。某日他重重地倒在了路旁，就这样沉睡起来。好像彻底忘记了一切，就这样浑浑噩噩地沉睡了数日，不觉饥渴，甚至连梦也没有做。

忽然醒来，意识到周围有些青白色的光，已是夜晚，明亮的月夜。又大又圆的春日满月，透过水面照进来，浅川底部满是恬静白亮的月光。熟睡后醒来的悟净神清气爽，想到自己久未进食，便在附近徒手抓来五六条游弋的小鱼，狼吞虎咽大口吃了起来。他取下腰间的酒壶，咕咚咕咚就着壶嘴一饮而尽。真是美味啊！说着神清气爽地信步走开。

河底的细沙一粒粒清晰可见，水草上一排排小的水泡，像水银球的光芒，摇曳着向上升起。腹部泛着白光的小鱼鱼群，一看到悟净的身影，立刻消失在青绿色海藻之间。悟净心境怅然，竟不合时宜地想要唱歌，就在他差点儿要扯开嗓子高歌一曲的时候，远处传来谁人在歌唱的声音，悟净停下脚步，仔细聆听。那声音像是从河面、抑或是遥远的水底传来,那歌声低沉却无比通透,仔细侧耳倾听,“江国春风吹不起,鹧鸪啼在深花里。三级浪高鱼化龙,痴人犹戽夜塘水”。这歌声听上去好似在抱怨。悟净就地坐下,一动不动地倾听。青白色的月光晕染着透明的水底世界,单调的歌声,如同捕猎时吹奏的角笛,一声声回荡在整个水底。似睡非睡之际,心绪怅然的悟净,茫然蹲坐在地上久久不愿离去。意识将他带入奇妙而又梦幻的世界。水草及小鱼均从他的视线消失。突然一股难以形容的蓝麝香气飘了过来,远处两个陌生的身影正朝他走来。

前面那位手持锡杖的男子身材魁梧、气宇非凡,后面那位则头戴宝珠璎珞,发顶结有肉髻,妙相庄严,其身后还有微微光晕,看起来非同寻常。此时,前面那位男子走过来对悟净说:“我乃托塔天王的二太子,木叉惠岸。这位是我的师父,南海观世音菩萨摩诃萨。观世音菩萨自天龙、夜叉、乾闼婆、至阿修罗、迦楼罗、紧那罗、摩、人、非人,均对他们垂怜有加,此次,见你沙悟净深陷苦恼,特来救度,理应不胜感激。”

不知何时悟净早已低垂着脑袋,耳边响起美妙的女声,这声音好似妙音、梵音,抑或海潮音。“悟净啊,你可要细细听来,且认真思量。好一个不知天高地厚的悟净啊!‘未得到的得到即可,未证实的证实即可。’佛祖世尊说,这样想就是:

增上慢”。那么如你这般要证实不可证之事，则是极大的“增上我慢”。你所欲求解之事，阿罗汉、辟支佛尚不能解，且从未曾想过。可怜的悟净啊。若有正见定会即得净业，而你却因心相羸劣陷入邪见，方才会受此三途无量之苦。想来，唯有观想方可获救，故应抛弃一切思虑，乏累其身，得以自救，以此铭记于心，并应充分发挥这人身的作用。概观世界一切皆无意义，若从细微处入手，‘世界’这一概念也会含义无限。悟净啊，置身于相宜之所，力从相宜之事。从今往后，撂下你那不自量力的‘为何’吧。唯有丢弃它，方可得救度。今年秋时，会有三位僧人，由东向西欲渡此流沙河。此三人正是西方金蝉长老转世的玄奘法师与他的两位徒弟。他们是受唐太宗皇帝之命，前往天竺国大雷音寺求取大乘三藏真经的。你可跟随玄奘西去，那方是你应处之地、应从之事。途中历经苦难，你当定下决心，全力助之。玄奘弟子中有位名孙悟空之人，大可无畏于他。只信之，万不可怀疑。于他身上，甚多你可学之处。”

当悟净再次抬起头来，却不见方才人物。他久久伫立于水底明月之中，茫然不知所措，心里有了些微妙的变化。思绪模糊的他漫无边际地想着：在该当的人身上，发生了该发生的事；在适当的时候发生了适当的事情。若是半年前的我，怎么会做这样的怪梦呢……思量梦中菩萨所言，与先前女偊氏所讲丝毫不差，今夜更是感同身受，岂不怪哉！悟净从未试想，在梦中便可获得救度。但不知为何，总觉得那梦境中所说的唐僧师徒一行，兴许真的会经过这流沙河。这便是在适当的时候发生的适当的事情。他这么想着露出了久违的笑容。

七

那年秋天，悟净终于等到了大唐的玄奘法师。至此他终能换得人身离开这流沙河，与智勇双全、天真烂漫的齐天大圣孙悟空，随性乐观的天蓬元帅猪悟能一起，踏上了崭新的旅程。然而，在那征途路上，尚未彻底痊愈的悟净，依然会和从前一样自言自语，他喃喃道："好生奇怪！真是难以理解啊！莫非我真是懂了，故而不再纠结从前那些苦苦追寻的难题？这可不好说，我觉得并没有完全弄明白啊。哈哈，真是想不明白。总之，不用再像从前那般痛苦，我已是感激不尽了！"

——我的西游记

注：乞丐子舆，出自《庄子大宗师》

悟净叹异

晌午十分，我们师徒一行来到路旁一棵松树下休息，趁着这空当，悟空叫八戒到附近的一片空地练习变身术。

“快练啊，你这呆子！”悟空对八戒说，“心里只能想变龙，明白吗？一心只想着自己要成为一条龙，除此之外，心无旁骛。必须抛开所有杂念，认真去做，用心去想！明白吗？”“好！”说着八戒闭上双眼，结手印于胸前。忽然，八戒不见了，一条五尺来长的大青蛇出现在面前。站在一旁的我，忍不住笑了出来。“你这呆子，只会变青蛇吗？”悟空训斥道。青蛇消失，八戒重现面前，“还是不行啊，大师兄，我该怎么做啊？”八戒一脸认真地冲悟空撒娇。“不行、不行，呆子，你根本就不专心！再试一次，要认认真真地想，‘我能成为一条龙’，心里只念想着‘我要成为一条龙’，然后让这个‘自己’消失。”“好!”说着八戒再次结手印于胸前。与上次不同,这回八戒变成了个怪东西,虽说外形是条蟒蛇,却长着前爪,看上去更像一只大蜥蜴,肚子却还是他原本隆起的便便大腹。短小的前腿还努力向前爬了两步,那丑陋滑稽的模样难以形容,惹得一旁的我哈哈大笑。

悟空怒斥道:“行了,行了,你别练了!”说着就见八戒不好意思地挠着头现了身。

悟空:“你根本就没有用心想要成为一条龙,所以总是失败。”

八戒:“哪有的事儿!大师兄,俺老猪,可是拼了命的在练习啊。脑子里净想着变成龙!变成龙!俺可是刻苦努力、一心一意的就想变龙啊!”

悟空:“胡说,之所以变不成,就因你这呆子,一直心绪不定!”

八戒:“大师兄,可不能这么说俺老猪啊!这不成了结果论啦!”

悟空:“仅从结果就下判定,虽不是最好的办法。但这或许是世上最实在的方法。如今你的立场,明摆着就是这样啊!”

悟空认为,变化之法如下所说,即,那份想要成为某物的心劲儿,若能无比纯粹、无比强烈,自然就能变为那个东西。

之所以变不成，是因为那份心劲儿还未能达到无比纯粹的程度。所谓法术的修行，关键在于将自己这种纯净无垢，且无比强烈的心劲儿统一起来。毫无疑问，这种修行非常困难，不过一旦达到这种境界，就无须从前那般努力，只要将心投入纯粹统一的形式，即可轻松达成所愿。其他各种技艺亦如此，人们之所以不懂变化之术，正是因为有太多要去关心的杂事，使其精神难以统一。与之相对，狐狸却精通变术，那是因为野兽不为那些劳心的琐事所累，统一内心要容易得多，如此等等。

悟空的确是个天才，这点毋庸置疑，在初见他的一瞬间便能感觉到的。起初连我也觉得这满面赤色、一脸猴毛的家伙丑陋至极。可就在看到他的一瞬间，他内心流露出来的东西就已将我折服，至于那外貌早已忘得一干二净。如今甚至觉得这猴子的样貌堪称美艳（至少也称得上俊秀）。无论样貌或是言谈，都生动地表现着悟空对自己的自信。这可是个不会撒谎的男人。无论对谁，就连面对自己，他心中也好似有团火焰在燃烧。这丰富而热烈的火，立即就能感染身边的人。由他口中讲述的事情，亦会让一旁倾听的我深信不疑。仅仅是在他身旁都会被一些莫名的自信填满。他就像火种，整个世界就像为这火种准备的薪柴。一切都因他的燃烧而存在。我们看来毫无异议的事情，在悟空眼中，都可成为精彩冒险的开端，抑或是激发他壮烈行为的机缘。与其说外界的种种吸引了他的注意，倒不如说，是他一一赋予外界以含义。他内心的火焰，逐一点燃了外部空洞沉睡的冰冷世界。这一切并不需要用侦探般的眼睛去找寻，而是用那颗诗人的心（悟空怕是个粗野的诗人）。凡是接触过他的人或物，都会被他内心的热情所温暖（有时也许是灼伤）。在他眼中各种不可思议的种子逐渐萌芽，并结出果实。每个清晨都能看到他在顶礼拜日，他眼中闪烁着如同初次见到太阳般的惊喜，那流露出的美，令我深受感动，让人们打从心底钦佩、赞叹。膜拜太阳几乎是每天早晨他都会去做的事。在他眼中，似乎看不到任何平凡陈腐的东西，哪怕是松树刚长出的嫩芽，他也会瞪着那双不可思议的眼睛仔细观察，这便是齐天大圣孙悟空。

方才讲的是天真烂漫、思想单纯的悟空，我们再来看看与劲敌决斗时的他吧。那场景是何等的精彩、完美！他聚精会神全身上下无懈可击，富有节奏地挥舞着金箍棒，总是能分毫不差地击中敌人。那好似不知疲惫的身体，透着兴奋又不失勇猛。每次纵身跃起，总会给人强劲的力量感。无论遇到何等困难，他都是欣喜地迎难而上，并时刻洋溢着坚韧的精神。比起闪耀的太阳、盛开的向日葵、鸣叫的夏蝉，他那聚精会神、忘我战斗的模样，表现着另一种灼热的美，这便是那只“丑陋”的猴子战斗时的姿态。

至今我还依稀记得，一月前，在那翠云山，孙悟空大战牛魔王的雄姿。感慨之余，容我细说那场战斗的经过。

只见远处草地上一只香獐正悠然地吃着草，悟空却变身猛虎追上前去欲要捕食。原来那香獐竟是牛魔王的变身。看到悟空扑过来，牛魔王化身一只猎豹，纵身一跃反扑猛虎。猛虎不甘示弱，随即转身紧盯猎豹予以还击。牛魔王敌不过悟空的攻势，变身一只雄狮，咆哮着扑向悟空。悟空被扑倒在地，随即一头鼻似长蛇、牙如利竹的大象出现在面前。雄狮不是大象的对手，几个回合下来便现了原形，一头高壮的大白牛出现在眼前，头如山峰、眼如电光，头上的犄角好似两座铁塔，从头到尾竟有千余丈长，从脚到背也有八百丈高。他高声呵斥道："你这泼猴，如今能奈我何？"悟空也显了本相，大喝一声，随即化身为身高万丈、头如泰山、眼如日月、口如血池的模样。说着便奋然挥棒打向牛魔王。牛魔王用犄角顶住，二人打得异常激烈。半山腰上发生如此战况，宛如山崩地裂、天翻地覆，那阵仗甚是惊人。

此景何等壮观，我悟净只顾为之惊叹，却丝毫没有要助悟空一臂之力的念想。并非不担心他败下阵来，而是因自己的笨拙羞于出手，就好像硬要在一幅名作上添上自己拙劣的一笔般，令人愧不能当啊。

灾难对于悟空，就好像油对于火。每当遇到困难，他总是热血沸腾（精神、肉体均是如此），犹如燃烧的火焰。相反，平安无事时的他，倒显得有些沮丧。这就好比陀螺，只有全速转动，才不会倒下。多么艰难的现实对悟空而言，都好像已标出最佳路径的地图一般。伴着对现实的认识，他总能清晰地看到那其中通往自己目的地的道路。甚至可以说，他的眼中除此之外别无旁物。正如暗夜里闪光的文字，仅是清晰凸显出必要信息，周围庞杂的一切均是看不到的。我们这些愚笨的家伙还在茫然思考不得其解之时，悟空早就开始了行动。人们都在赞叹他的勇猛与力量，却对他天才般惊人的智慧全然不知。他呢，则是将这思虑与判断，浑然融入了每一次的实战之中。

我略知一些悟空的文盲之事。曾经天庭里的弼马温，虽被委任为马官，却连“弼马温”三个字都不晓得，就好像工人不知自己工作的内容。他这没有文化的糗事，我知道得一清二楚，但对悟空的智慧与判断，我仍要给予最高的赞扬，甚至觉得悟空是个全才。动物、植物、天文等方面他都相当了解。多数动物，只要经悟空一看，便能知道其习性、强度、使用武器的特征。对于杂草，何为药材、何为毒草，他都铭记于心、十分熟悉。因此他已不用去记那些动植物的名称。他更是擅长靠星象来判断时刻及季节，却全然不知角宿、心宿这类概念。比起记住了二十八星宿名称，却分不清实物的我，是该有多大的差异啊！在这个目不识丁的猴子面前，那些由文字组成的概念显得苍白无力。

悟空身体的各个部分——眼、耳、口、手、脚，全然透着抑制不住的喜悦，意气风发、生龙活虎。尤其是战斗之时，这一个个兴奋不已的器官，聚集在一起，就好像夏日花儿四周欢闹的蜜蜂一般。悟空打起妖怪来凝神聚力，一旁的看客只觉他像是在为游戏做准备。人们常说“要有死的觉悟”，悟空这样的男子，绝不会有什么死的觉悟。无论是陷入何等危险的境地，他担心的只是眼下这份任务（击退妖怪，救出三藏法师）的成败与否，丝毫不曾考虑自己性命这类事情。无论是在太上老君的八卦炼丹炉中，抑或是遭遇银角大王的三山压顶，被压在须弥山、峨眉山、泰山三座大山之下，他也绝不会为自己的命运叫苦。就连在小雷音寺遭遇黄眉大王那样性命攸关的时刻，他也未曾想过自己该如何是好。那黄眉大王用金铙将悟空死死罩住，无论是推或撞均不能破，弄得悟空无计可施。他试将身体变大来冲破金铙，不承想那金铙也随之变大。他将身体缩小，那金铙又随之缩小，他拔下身上的猴毛，将其变为一根根钢锥，想要刺穿金铙。可不但金铙毫发无损，碰到它的东西均被其融化为水，就连悟空的屁股也险些被它融化。即便此时，孙大圣的心里也只是担心着师傅的安危，对自己的命运，他有着无限的自信，这一点似乎连他自己都没有意识到。幸好天界援兵亢金龙及时赶到，使出全身力气，才将那无坚不摧的犄角刺入金铙。犄角虽刺了进去,可怎料那金铙如同人肉一般将犄角死死缠住,不留一丝空隙。哪怕有一丝缝隙,悟空便可化身微尘得以脱身,但却不能。眼看着大半个屁股就要被金铙融化,悟空煞费苦心、几经周折,总算是从耳中取出金箍棒,化作钢钻在金龙犄角上穿孔,自己则变身为细小微粒潜入孔内,随金龙拔出犄角,方才得救。随后他便急着要去救师父,似乎是忘了自己屁股上的伤。

那之后从未听他提起过当时自己的险境。这猴子,定是从未考虑过自己的性命安危,就连死亡他也不曾有过畏惧,就算是临死前的一刻也还是精力充沛、勇往直前。这样英勇的事迹全然令人倍感雄壮,但绝非悲壮。

都说猴子学人,眼前便是只不模仿人类的猴子。别说是模仿了,就连旁人企图强加于他的观点,只要他自己不认同,哪怕是历经千年,为众人所认可的理念,他也绝不会轻易接受。

无论是陈旧的规矩还是世间的名利,对这样一位男子没有任何威胁。

如今的悟空有个特点,那便是绝不提过往之事。他似乎已将过去的经历忘得一干二净。与之相对,那一个个从经历中获取的教训,却渗入他的血液,继而转化为精神乃至肉体的一部分。如今,根本不必一一回忆。这猴子就是拥有这样不可思议的力量，对曾经的痛苦经历，他忘得彻底，却也吸收得干脆。在与妖怪们的决斗中，绝不重复同样的错误，便是最好的证明。

纵是这样的孙悟空，也会有令他难以释怀的事情。一日，他感慨万分地与我谈起了那次令他害怕的经历，那是他与释迦如来佛的初次知遇。

那时的悟空，认为自己的力量无边界。他身披锁子黄金甲，脚踏藕丝步云履，手持重达一万三千五百斤的如意金箍棒，那金箍棒夺自东海龙王之手。如此孙悟空，天上地下无人能及。他大闹众仙齐聚的蟠桃盛会，为此受罚被关入太上老君的八卦炼丹炉内，谁知他推翻了八卦炉，天地太小看似容不下这只狂躁不安的猴子。他将群聚的天兵打得落花流水，佑圣真君率领三十六名雷将前来讨伐，与悟空在灵霄殿前大战半日有余。此时，如来佛祖携迦叶、阿难二尊者，挡在悟空面前，阻止了这场争斗。悟空佛然顶撞，如来笑言：“你这泼猴，究竟修得何道?”悟空答曰：“俺老孙，乃东胜神洲傲来国花果山石卵所生，连我的本事都不知道，你可真是愚痴。俺已修得长生不老之术，亦会驾筋斗云，一纵十万八千里。”如来对曰：“泼猴休吐狂言，莫说十万八千里，你怕是连我这掌心也飞不出去吧!”“什么?!”悟空大怒，一跃跳上了如来的掌心：“以俺老孙神通，轻轻一跃便可行路十万八千里，怎就出不了你的掌心?"话音未落,他便飞身而出,想必飞出二三十万里路途,撞见五根肉红色高梁大柱,悟空走近中间那根柱子,在上面写下了'齐天大圣,到此一游'几个乌黑的大字。写罢他再次翻转筋斗云,飞回到如来掌中,得意扬扬地说道:"多么大的掌心啊,我一个不留神,已飞到三十万里外的天边,并在那柱子上留下了印记。"如来听了哈哈大笑:"你这愚蠢的山猴,方才只是往返于我掌心罢了。不信,你自己低头看看这手指。"悟空怀疑地望向如来的右手,只见他右手中指上还留有笔墨未干的一行大字,那正是方才自己所写的"齐天大圣,到此一游"。"怎有这等事?"惊得他急忙仰望如来,佛祖脸上再不见方才的笑容,一脸严肃地盯着悟空,那眼睛瞬间大得仿佛遮住了整个天空,将悟空紧紧压于其下。悟空只觉周身血液凝固,无比恐惧。慌忙想要跳出如来的掌心,只见佛祖翻转手掌,五根手指化作五行山,将悟空紧紧压于山下,并书"唵嘛呢叭咪吽"六字金书,贴于山顶。如此天翻地覆,悟空陷入对自己的怀疑之中。在不住地颤抖中,他迷惘地认为从前的自己根本不是自己。实际上,自那一刻起,世界对他而言已彻底改变了。此后,他饿食铁丸、渴饮铜汁,只能待在那封印的石窟之中,静待赎罪期满。曾经傲气冲天的齐天大圣孙悟空,再也没了从前的自信。他变得懦弱,有时甚至毫不知羞地哇哇大哭。五百年后,前往天竺的三藏法师途经此处,揭了五行山上的咒符,放出了悟空，那一刻他再次哇哇大哭，只不过这次流下的是喜悦的泪水。悟空愿随唐僧远赴天竺，多是出自这份喜悦与感动，这便是最纯粹且强烈的感谢。

然而，如今想来，被释迦牟尼捉住时的恐惧，让曾经无法无天的孙大圣无奈受限。为了让这不知天高地厚的石猴能够对世间有益，才有必要将他压于五行山下五百年，令其小作凝集，而后才有了如今这个沉淀之后不再膨胀的悟空。在我们看来，如今的他却是越发庞大、精彩、卓越。

三藏法师是位不可思议的人物。他着实软弱，软弱得惊人。根本不会什么变幻之术的他，在取经途中，若遇妖怪袭击，轻易就会被抓住。与其说他软弱，不如说他压根儿没有自我保护的能力。这样一位软弱无能的三藏法师，我们三人却同时被他吸引，究竟是何缘由？（有如此疑问的仅我一人而已，悟空与八戒对师父都是无条件的敬爱。）在我看来，师父的那份软弱中透着些许悲剧性的东西，这些东西深深地吸引了我们，那恰好是我们这些妖怪身上绝不曾有的东西。三藏法师对大千世界中小我（人类抑或是动物）的定位，即那份悲哀与可贵，有着明确的觉悟。他不仅敢与悲剧的特性抗衡，还能勇敢地追求正确且美丽的事物。这正是我们没有，师父却拥有的东西。原来如此，虽说我们比师父武艺高强，又多少懂得些变幻之术，可一旦我们得知自己地位的悲剧性，任谁也无法认真地继续这正确且美丽的生活。柔弱的师父心中那份可贵的坚强，着实令人惊叹。在下认为，内在的可贵被柔弱的外表所包围，这正是师父的魅力所在。然而八戒这混账家伙却说，我们对师父的敬爱之情，至少是大师兄对师父的敬爱之情当中，多少含有些男色的因素。

与孙悟空这个行动派的天才相比，三藏法师在实操方面显得十分愚笨。然而，正因二人生活目的不同，这一切又显得无比寻常。每当遭遇外界困难，师父从不向外寻求解脱之道，而是向内求解，直指自己的内心。建立能够经受住困难的心理防线，这份准备并非是遇到困难时才慌忙去做，而是平日里就建构起的不因外界而动摇的强大内心。在师父心中，就算当下遇到险境，窘迫而死，亦能倍感幸福。因此，他不必向外谋求解脱之道。在我们看来，肉体上的毫无防备，危险万分。然而，对于师父的内心世界，这些却没什么影响。悟空呢，看上去无比光鲜，可即便是他这样的天才，在这世上也会遇到无法解决的难题。师父却没有这样的担心，因为在师父眼里，这世上根本没有什么是难题。

对悟空而言，发怒就没有苦恼，欢喜便没有忧愁。他能够如此单纯地肯定生活，无可厚非。那么三藏法师呢，柔弱的身体与不知防备的内心，时常遭受妖怪的迫害，却能愉快地肯定人生，这是多么的难能可贵。

有趣的是,悟空并没能意识到师父优于自己的这份难能可贵,只是觉得自己无法离开师父。不如意时,他甚至会想,之所以跟随师父,只是因为戴了那紧箍咒(戴在悟空头上的金箍,若是他不听从师父的命令,这金箍便会紧缩嵌入肉中,令他痛不欲生)。师父被妖怪捉去,悟空嘴上抱怨:"真是位麻烦的老师",却仍会在第一时间赶去营救。"为何师父如此可怜,俺老孙着实看不下去啊",悟空自认为这是对弱者的怜悯。在他对师父的感情中,包含着任何生物都有的弱者对强者本能的敬畏。心中的这份敬畏多少还夹杂着对美与高贵的憧憬,这些怕是连他自己都不曾知道的。

更有趣的是,三藏法师自己也不知道自身拥有这份在悟空之上的优越。每当悟空从妖怪手中将他救出,他都会感激涕零地说:"若你不来营救,为师怕是早就一命呜呼了。"实际上,无论什么妖怪企图吃他,悟空都不会让其得逞。

这师徒二人,均不知彼此间真正的关系,却还能互敬互爱(当然偶尔也会有争吵),着实有趣。在下发现在这对立的二者之间,却有一个共通点,那便是,在这二人的生活方式中,均认同给予是必然,他们彻底地享受这份必然,并且将这份必然视为自由。虽说金刚石与礰是由同一物质组成,可二者的不同又是那么明显。正如这师徒二人,虽有天壤之别,却能够以同样的理解来接受现实,这也着实有趣。能将这必然与自由等同，不正是他们师徒二人天才的象征吗？

悟空、八戒与在下，我们三人性格迥异。傍晚无处栖身，因是否要借宿路旁废弃的寺庙，我们各抒己见，最终却总能达成一致。悟空认为，这废弃的寺庙，恰好是对峙妖怪的绝佳之地，故选择住宿。八戒认为，已是傍晚，再去别家询问甚是麻烦，不如早些安顿下来，好填饱肚子。加之人困马乏，便说“这附近妖气腾升，躲到哪里都会有危险，倒不如就在这儿住下。”任何生命都同我们三人一样各有不同，没有比人们的各类活法更有趣的东西了。

在孙大圣的光环之下，才干逊色许多的八戒猪悟能，也是个颇具特色的男子。这老猪对生命、对这人世间怀有无比的热爱，嗅觉、味觉、触觉全然执着于世间的一切。有时八戒会问我：“沙师弟，我们为何要去天竺，是为了修得善业，来世往生极乐吗？可那极乐究竟是何种地方？仅是坐在莲叶上摇曳吗？那岂不是无趣至极。那极乐世界也能手捧热气腾腾的汤羹一饮而尽吗？也能大口品尝外焦里嫩的香脆烤肉吗？俺老猪可是听说并非如此，若同那天上仙人一般不食人间烟火，俺可是厌恶至极。那样的极乐世界恕老猪实难从命！虽说辛苦，但总有能让人忘记痛苦无比快乐的东西，对俺老猪来说，这样的人世间是最好不过的了！”说到这儿，八戒开始历数这世上让他觉得快乐的事情，夏日里树荫下的午睡，小溪里的嬉戏，月夜吹笛，春晓晨寐，冬夜里暖炉边的畅谈……他兴高采烈地说着一个个例子，尤其是谈到年轻姑娘的美貌与四季不同的美食，他的话似乎没有尽头。这令我惊讶不已，世上竟有如此之多的乐事，更未承想，八戒这家伙竟已一一体验过这些世间的快乐。我终于意识到，享乐也是需要能力的。自此，我再不敢像从前那样小看这只猪了。然而，随着与八戒交流的增多，我发现了一件奇妙有趣的事情。在八戒享乐主义的背后，我窥到了些许他内心的恐惧。尽管八戒嘴上说着“若不是出于对师父的尊敬及对大师兄的敬畏，俺怕是老早就放弃这辛苦的旅行了啊！”之类的话，可我还是看出，在他那享乐家的外表之下，潜藏着战战兢兢、如履薄冰的思绪。对八戒来说（对我沙悟净来说亦如此），这天竺之旅，可称得上是幻灭与绝望后，剩下的最后一丝希望了。

如今，断不能沉溺在对八戒享乐主义秘密的分析里了。当务之急，该是学习齐天大圣孙悟空的所有长处，着实无暇顾及其他了。三藏法师的智慧也好，八戒的生存之道也罢，都需待我将孙大圣的本事学完之后，再一一钻研了。从悟空那里，我基本上什么也没学到，自打离开流沙河，我究竟进步了多少呢？依然同吴下阿蒙一般学识尚浅。就此次天竺之旅中我的作用而言，的确如此啊。安抚平日里悟空过激的情绪，劝诫好吃懒做的八戒，除此之外并无他用。像我这样的家伙无论身处何时何地，最终也逃脱不了调节者、忠告者、观测者的命运。我悟净当真成不了行动者吗?

每当看到悟空降妖除魔，“燃烧的火焰本身并不知道自己的燃烧。以为自己已经在燃烧了，也许真的并没有烧起来。”这样的想法就会浮现脑海，看着他豁达的样子，心中不由得想到“所谓自由的行为，正是能够在内心沉淀那些，无论如何都想去做的事情。它是自己与外界种种表现行为的含义所在”。然而我也只是想想而已，怕是无论如何也不及悟空的。尽管我整日想着学习孙悟空的本领，但与他之间总有着极为悬殊的差别，尤其是他性格里的那份狂妄，我只能望尘莫及，从不敢靠近。直言不讳，无论如何思虑，悟空都算不上令人感激的挚友。他不懂得体贴，只会一味地大声叱责。凡事都以自己的能力为标准要求他人。如若做不到，便会招来他的怒斥，这些都让人难以忍受。可以说他并没有认识到自己的才能非凡。虽说我们都知道他并非故意刁难，这一切都因他无法理解弱者的能力程度，故而面对弱者表现出的怀疑、犹豫以及不安，非但得不到悟空的同情，甚至会引来他的勃然大怒。若不是因我们的无能而招致悟空的怒气，他其实是个非常善良单纯如孩子一般的男人。八戒总因睡过头、偷懒、变形练习失败惹得他暴跳如雷。而我之所以不会令他生气，只是因为刻意与他保持距离，没有在他面前暴露缺点罢了。可这样是什么也学不到的，我该更近地接触悟空，任他随意发脾气，即便训我、打我、骂我。像我这样远远观望、感慨万千是什么都学不到的，我必须全身心地向这猴子学习。

深夜，我独自一人醒来。

这一晚我们没能找到住处，只得在山后溪谷的大树下，铺上干草，和衣而卧。悟空睡在八戒身旁，那香甜的鼾声回荡在整个山谷。此时头顶树叶上落下几滴露珠，虽说已是盛夏，可这山中的夜晚，总透着几分寒意。临近黎明，我透过树叶的间隙仰望天空星辰，突然觉得无比寂寥，宛如自己一人站在那孤单的星上，眺望着这个黑暗、冰冷、一无所有的世界。星辰这东西，总是容易让人联想永恒、无限之类，我对此很不擅长。只因仰卧，无奈望向这些星辰。在一颗较大的青白色星星旁边，有颗红色的小星星。在它的正下方，是颗略微发黄稍显温暖的星。一阵风吹来，树叶摇曳，这些星辰若隐若现。流星拖着长长的轨迹划过夜空，不知为何就在此刻，忽然想到三藏法师那清澈寂寥的眼神。他总是凝视远方，那双眼充满着不知是对何物的悲悯。平日，总是无法理解师父的这份悲悯，可就在这一刻，忽然明白。师父总能望见永恒，并且能清晰地看到，与那永恒相对的世间一切事物的命运。面对不知何时就会到来的灭亡，师父却有好似静待花开般的睿智与仁慈。他总以那悲悯的眼神注视着身边发生的一切。看着天空的星星,这一刻我似乎都明白了。于是起身偷偷望向身边熟睡的师父,盯着他那熟睡的恬静面庞,听着他轻快的呼吸声,内心深处忽然感觉到一丝火苗燃烧般的温暖。

——我的西游记